Camille SAINT-SAËNS
de l'Institut

AU COURANT DE LA VIE

DORBON-AINÉ
19, BOULEVARD HAUSSMANN, 19
PARIS

AU COURANT DE LA VIE

A Monsieur N. M. BERNARDIN

CAMILLE SAINT-SAËNS

DE L'INSTITUT

Au courant de la vie

DORBON-AINÉ

19, BOULEVARD HAUSSMANN, 19

PARIS

Cet ouvrage a été tiré à cinq cents exemplaires numérotés à la presse de 1 à 500, plus 25 sur papier Edogawa du Japon (texte réimposé de format in-4° avec frontispice à l'eau-forte tiré pour ces seuls exemplaires) numérotés de I à XXV.

Justification du tirage :

82

LA CHIENNE DALILA

UN CONTEMPORAIN DE LULLY

Un Contemporain de Lully.

Il y a quelques années l'Eden transformé étant devenu un théâtre littéraire dirigé par M. Porel, celui-ci m'avait demandé de me charger de la partie musicale du *Malade imaginaire* qu'il désirait représenter dans toute sa pompe initiale. Je songeai immédiatement à restaurer la musique du temps, entreprise épineuse mais pleine d'intérêt. Je trouvai à la Bibliothèque Nationale cette musique, malheureusement incomplète, due à la plume de Marc-Antoine Charpentier. L'étude que j'en fis me causa de profonds étonnements. Il y a lieu en effet d'être surpris, quand on rencontre à une époque où la correction d'écriture, sinon l'élégance, était monnaie courante, des idées charmantes et originales soutenues par une écriture déplorable. Il ne s'agit pas en l'espèce de ces bizarreries comme Rameau nous en a montrées depuis lors, maladresses de génie qui sont des traits de caractère. Les incorrections de Marc-Antoine Charpentier sont de vulgaires fautes, des gaucheries d'élève faciles à corriger. Chose étrange, lorsqu'il arrive à l'auteur de rencontrer sur son passage une difficulté — un *trio* pour trois voix de femmes par exemple, assez malaisé à bien écrire—, tout change comme par enchantement : l'écriture devient impeccable, alors qu'elle ne l'était pas pour les choses les plus simples.

Il y a là un mystère qu'il n'est peut-être pas très difficile de pénétrer.

Lully a été un véritable fléau pour l'école française ; après avoir supplanté Perrin et Cambert qui durent s'exiler en Angleterre, il a régné sans partage pendant sa longue carrière, ne laissant de place à personne auprès de lui, et si Marc-Antoine Charpentier a pu se glisser dans son ombre c'est qu'il était son gendre et son protégé. Or il ne devait pas manquer en France de musiciens de talent, condamnés à l'inaction et à l'obscurité ; et l'on sait que pour les réalisations à cinq parties de son orchestre, si purement écrites, Lully avait des collaborateurs : il n'aurait pu suffire seul à cet énorme travail.

Rien n'empêche donc de supposer que Charpentier, dont l'élévation était due à la faveur plus qu'au mérite, artiste très bien doué mais dont le talent laissait à désirer, ait pris pour auxiliaire un de ces praticiens inconnus. Il y a une autre hypothèse, dont il faut tenir compte : Lully, lui-même, aurait collaboré à la musique du *Malade imaginaire.*

Marc-Antoine Charpentier a écrit un grand opéra, dont l'écriture est impeccable d'un bout à l'autre. On peut croire que pour une occasion aussi solennelle, il ne se sera pas fié une minute à ses propres moyens, à moins qu'à force de pratiquer son art il n'ait fini par l'apprendre.

Quoi qu'il en soit, il y a dans le bagage considérable de Charpentier des œuvres qui méritent d'être connues ; ses idées ont une fraicheur et une originalité des plus séduisantes. Pour celles que des incorrections déparent, il est facile de les en débarrasser sans les gâter, sans les moderniser ; elles ne peuvent que gagner à la suppression de fautes d'écolier sans intérêt.

Depuis la restauration du *Malade imaginaire* effectuée par M. Porel, M. Antoine en a demandée une plus complète encore, comprenant le Prologue et les Intermèdes, laissés de côté par M. Porel. M. Bretonneau, chef d'orchestre de l'Odéon, a bien voulu se charger de retrouver la musique de Marc-Antoine Charpentier et c'est avec sa précieuse collaboration que je l'ai mise au jour, en l'accommodant aux exigences de l'exécution moderne.

RAMEAU

Rameau.

Rameau, notre grand compositeur du XVIIIe siècle, dont les œuvres ont tenu longtemps une si grande place sur notre scène française, était presque oublié : quelques pièces pour clavecin, le délicieux chœur *En ces doux asiles*, c'est à peu près tout ce que l'on connaissait de lui ; son œuvre entier était à peu près inédit. Cette injustice a cessé, grâce à la maison Durand qui a entrepris le travail énorme d'éditer les œuvres complètes de ce merveilleux génie, contemporain et rival de Sébastien Bach, non qu'il ait, de ce dernier, la suprême élégance et la prodigieuse écriture : la sienne, gauche, inégale, est parfois déconcertante ; ce n'est pas, certes, la gaucherie et l'incorrection d'un maladroit. C'est autre chose ; on dirait que dans la marche de ses diverses parties, il obéit à des lois spéciales, indépendantes des exigences de l'oreille. Sa supériorité est ailleurs : dans sa science profonde qui lui a permis d'élaborer tout un système musical et de faire, dans le domaine de l'harmonie, de surprenantes trouvailles ; dans son génie dramatique. Il règne au théâtre comme Sébastien Bach à l'église ; et ce qui permet de le nommer en face de ce géant, c'est qu'il en diffère entièrement.

En ces derniers temps, on a essayé de remettre ses œuvres à la scène, et le résultat n'a pas été ce qu'on espérait. Hâtons-nous de le dire, ce ne fut la faute ni de l'auteur, ni de ses interprètes, ni du public ; et ce n'est pas non plus la preuve qu'une telle résurrection soit impossible. Si l'on n'a pas réussi, c'est qu'on s'est heurté à des difficultés qu'on n'avait pas soupçonnées.

Elles sont de plusieurs sortes :

La première que l'on rencontre est celle qui résulte du diapason, plus bas d'un ton, aux XVIIe et XVIIIe siècles, qu'à l'époque actuelle. Les orgues anciennes, telles qu'elles existaient encore dans ma jeunesse, ne laissaient aucun doute à cet égard. Ce qui est étrange, c'est que ce diapason si grave n'existait qu'en France ; les œuvres de Haendel, de Bach, de Mozart, les partitions italiennes de Gluck, n'ont rien, dans la façon de traiter les voix, qui laisse supposer un diapason très différent du nôtre; mais dès qu'on aborde une partition française, on se trouve en présence de musique inchantable.

Alors que partout ailleurs les quatre parties ordinaires du chœur étaient divisées par moitié pour les voix masculines et féminines — soprano, contralto — ténor, basses, — dans les partitions françaises toutes les voix de femmes sont réunies dans les « dessus », parfois divisés en premiers et seconds; les trois autres parties, haute-contre, taille, basse, sont des voix d'hommes. Les *hautes-contre* sont des premiers ténors; les *tailles*, des seconds ténors et des barytons. Mais ces parties de premiers ténors habitent des hauteurs inaccessibles; on a cru même que ces hautes-contre étaient des voix spéciales, n'existant plus de notre temps. Si l'on confie cette partie à des ténors, ce sont des cris intolérables; exécutée par les contraltos, elle perd tout son éclat et n'a plus aucune valeur.

La vérité, c'est qu'en exécutant cette musique telle qu'elle est écrite, on l'a transpose en réalité d'un ton plus haut. Les voix, quand elles ne sont pas transportées hors de leurs limites, se trouvent mal placées; les chanteurs, aux prises avec une gêne perpétuelle, ne peuvent donner à leurs rôles l'accent véritable, ne peuvent prononcer clairement, chose indispensable pourtant dans des œuvres où la déclamation tient une si grande place.

Il faut donc se résigner à la transposition. La chose n'est pas si aisée qu'on pourrait le croire ; c'est même un travail très délicat. De plus, même avec la transposition, les hautes-contre sont parfois encore trop aiguës ; cela tient à ce que l'on chantait alors *en voix blanche*, émission qui facilite beaucoup l'attaque des notes élevées, mais par laquelle la voix prend un timbre analogue à celui des cris de la rue et que nos oreilles modernes ne supporteraient pas. Il faut donc, dans certains cas, recourir à l'emploi des voix féminines. J'ai fait tout ce travail sur deux admirables Psaumes de Rameau, que j'ai rendus ainsi exécutables pour les concerts.

Ce travail n'est encore rien auprès de celui de l'interprétation proprement dite.

A notre époque, on écrit la musique à peu près telle qu'elle doit être exécutée ; au temps passé, il en était autrement, et l'on employait des signes conventionnels qu'il fallait traduire. En exécutant la musique ancienne telle qu'elle est écrite, on agit comme celui qui épelle une langue étrangère dont il ignore la prononciation.

La plus grosse difficulté, en apparence, est celle de l'appogiature, qui n'est plus employée de nos jours. Chacun l'interprète à sa façon, selon son goût : or, ce n'est pas affaire de goût, mais d'érudition ; il ne s'agit pas de savoir ce qu'on préfère, mais ce que l'auteur a eu l'intention d'écrire. La clef du mystère est dans la méthode de violon de Mozart père : On en conserve, à la Bibliothèque du Conservatoire, trois éditions, et c'est la plus ancienne qui est la bonne. On est fort étonné, quand on y constate la différence entre le signe écrit et sa véritable interprétation. Devant exécuter, dans un des concerts du Conservatoire, le Concerto en *Ré mineur* de Mozart, j'étais fort perplexe au sujet de la mesure :

je n'ai pas été peu surpris en découvrant qu'elle devait se traduire ainsi :

D'autre fois, c'est sur un *silence,* remplacé alors par une note, que l'appogiature doit se résoudre.

On remarquera, dans l'exemple cité, que la croche finale devient, à l'exécution, une double croche. C'est qu'anciennement on ne tenait pas, comme aujourd'hui, à la valeur « arithmétique » des notes ; une brève était une brève, sans valeur précise. Bien plus, lorque dans Haendel, dans Rameau, on trouve ce rythme :

il doit être traduit ainsi :

Cet exemple est très fréquent, surtout chez Haendel.

Enfin, il y a une foule de signes dont l'interprétation est parfois impossible, toutes les méthodes du temps nous disant qu'on ne peut les décrire, et qu'il faut les avoir entendu chanter par un professeur. Heureusement, il y a de grandes probabilités pour que ces ornements ne soient pas indispensables ; leur profusion était due au mauvais goût de l'époque et leur omission n'a rien de regrettable.

Mais il y a encore autre chose ; une étude approfondie de ces œuvres m'a conduit à la conviction que les « valeurs » de la partie vocale sont approximatives et que c'est sur la déclamation, non sur la notation elle-même, que l'on doit se régler pour rendre la partie mélodique (et non seulement le récitatif) selon la véritable intention de l'auteur.

L'auteur, lui-même, semble avoir pris plaisir à accumuler les difficultés en changeant de mesure à chaque instant ; les trois, deux et quatre temps se succèdent sans cesse, et la mesure à deux temps doit être deux fois plus rapide que celle à quatre temps.

Il est impossible que des exécutants sortent à honneur de ce labyrinthe ; un travail préparatoire est nécessaire pour arriver à un résultat pratique.

Parlerai-je de l'instrumentation ? Elle est peu variée, et l'habitude d'accompagner le récitatif sur le clavecin, qui serait supportable encore dans une petite salle, n'est plus possible dans une grande salle pour nos oreilles habituées aux puissantes sonorités modernes. L'orchestre d'alors était composé tout autrement qu'aujourd'hui ; plusieurs flûtes, plusieurs hautbois, plusieurs bassons ; de loin en loin, des cors et des trompettes. Cela ne devait pas être très harmonieux. Une orchestration moderne faite avec goût et discrétion, comme celle dont Mozart a enrichi *le Messie* et la *Fête d'Alexandre* de Haendel, donnerait certainement à ces œuvres, sinon une plus grande valeur, un plus grand attrait. Mais il y faudrait une plume bien respectueuse et bien légère.

Toutes ces difficultés sont grandes ; elles ne sont pas insurmontables, et il faut espérer qu'un jour Rameau, vu dans son vrai jour, verra sa mémoire sortir du cercle des érudits et acclamée par le public.

LISZT, PIANISTE

Liszt, pianiste.

L'heure de la justice est enfin venue ; à l'occasion du centenaire de la naissance de Liszt, de grands festivals se sont organisés où l'on a entendu ses œuvres dans des exécutions grandioses ; il n'est plus permis de dire que l'auteur de *Christus,* de *Sainte-Elisabeth,* de la *Messe de Gran,* des symphonies *Dante* et *Faust,* des *Poèmes symphoniques,* écrivait de la *musique de pianiste ;* et l'on peut parler du merveilleux virtuose sans risquer de faire tort au génial compositeur.

Musique de pianiste ! mais Mozart était le plus grand pianiste de son temps ! Beethoven fut un pianiste de premier ordre, et Sébastien Bach, le colossal génie, a été un organiste et un claveciniste sans rival.

Malheureusement pour Liszt, pianiste prodigieux, tirant de l'instrument des effets inconnus, le transformant de fond en comble comme Paganini avait transformé le violon, il ne semblait pas qu'il pût s'évader d'une aussi puissante spécialité.

Et cependant, ce n'est pas cette virtuosité, si étonnante qu'elle fût, mais son admirable nature musicale qui constituait sa valeur; alors qu'on l'accusait de faire triompher le piano aux dépens de la musique, il s'efforçait, au contraire, d'y introduire l'orchestre. Par des merveilles d'ingéniosité, substituant à la traduction littérale, et par cela même infidèle, la traduction libre, il arrivait à faire vibrer sur son instrument les sonorités des *Symphonies* de Beethoven, de la *Symphonie fantastique* de Berlioz. Dans ses moindres pièces pour piano, dans ses *Fantaisies* même écrites sur des motifs d'opéra, le sentiment de l'orchestre intervient et donne aux choses les plus futiles en apparence un caractère esthétique.

La plupart de ses inventions étant tombées dans le domaine public, on n'a plus conscience, à notre époque, de la transformation profonde qu'il a opérée, de l'étendue des ressources nouvelles apportées par lui à la technique du piano. Ce fut une véritable révolution; la puissance de la sonorité parut doublée. Lorsqu'on entend, à distance, telle de ses œuvres, il semble que quatre mains y soient employées.

Par de nouveaux doigtés, il a ouvert un champ

immense aux arabesques dont le piano ne saurait se passer, et qui évoluaient avant lui dans un cercle assez restreint. Ceci dit sans faire injure à Chopin, dont les inventions en ce genre ont été si précieuses.

Il a développé dans des proportions inusitées le rôle de la main gauche.

Dans l'ancienne musique de piano, chaque main a son rôle déterminé d'où elle ne sort guère; c'est de la musique *dualiste,* à deux éléments.

Au quatuor, à l'orchestre, c'est autre chose; la construction musicale y comporte trois éléments (en principe, bien entendu) : le chant, la basse et une partie intermédiaire, plus ou moins complexe.

Liszt voulut transporter cette triade sur le piano, et il le fit au moyen de la main gauche, la dirigeant incessamment des notes graves à celles du médium de l'instrument. La pauvre main gauche n'était pas habituée à cette gymnastique; pour accomplir ces nouvelles fonctions, elle dut acquérir une souplesse et une agilité dont elle n'était pas coutumière. Cela ne se fit pas sans quelque résistance, bien oubliée aujourd'hui. Certaines compositions de Liszt, qui passaient naguère pour injouables, sont maintenant monnaie courante parmi les jeunes élèves du Conservatoire. Sur le piano comme sur tous les instruments, la virtuosité a fait partout d'énormes progrès.

Ah ! cette virtuosité, en a-t-on dit assez de mal ! l'a-t-on assez combattue, au nom de l'Art, avec un grand A ! Se souvient-on de cette guerre absurde, impie, déclarée aux concertos, fussent-ils de Beethoven et de Mozart ?

Il était impossible d'être plus complètement dans le faux.

En premier lieu, il faut le dire bien haut : en Art, *la difficulté vaincue est une beauté.* Théophile Gautier a proclamé cette vérité dans des vers immortels ; après un pareil témoignage, la cause est entendue.

En second lieu, la virtuosité est un puissant auxiliaire de la musique dont elle étend le domaine dans d'énormes proportions. C'est parce que les instrumentistes sont devenus tous des virtuoses que Richard Wagner a pu prodiguer ces richesses qui vous ravissent et vous seraient restées ignorées sans le secours de cette virtuosité que vous affectez de mépriser.

Mais la beauté n'existe en pareille matière que lorsque la difficulté est réellement *vaincue* au point que l'auditeur n'en ait pas conscience. On entre ainsi dans la région de l'exécution supérieure où Liszt régnait en souverain, avec une aisance divine. La puissance, la délicatesse, l'accent du rythme, le charme, il avait tout, avec une chaleur inouïe, une impeccable précision, possédant en outre ce don de suggestion qui fait les grands orateurs, les tribuns, les entraîneurs des foules.

Quand il interprétait les grands classiques, il ne substituait pas, comme on le fait si souvent, sa propre personnalité à celle de l'auteur ; mais il semblait aller chercher au fond de l'œuvre son véritable sens, qui parfois échappe aux meilleurs exécutants.

Ainsi procédait-il, d'ailleurs, dans ses transcriptions. La *Fantaisie sur Don Juan* éclaire de lueurs inattendues les profondeurs du chef-d'œuvre de Mozart.

Liszt a laissé d'admirables et terrifiantes études, qui sont d'un grand secours pour le travail du piano. Il avait aussi écrit une méthode. Celle-ci, imprudemment confiée, alors qu'elle n'aurait dû sortir des mains de l'auteur que pour passer dans celles de l'éditeur, a disparu. C'est un malheur irréparable ; par cette méthode, le précieux enseignement se serait perpétué à travers les âges et aurait combattu les mauvais principes que des professeurs consciencieux, mais déplorables, répandent avec abondance à travers le monde.

Ah ! que n'ai-je l'art de peindre avec les mots ! Pendant que j'écris, je revois, chez Gustave Doré, cette grande figure pâle promenant sur l'assistance des regards fascinateurs, tandis que, sous ses mains, en apparence inconscientes, avec une prodigieuse variété de nuances, murmuraient, grondaient, mugissaient, rugissaient les ondes de la légende : *Saint François marchant sur les flots !*

On ne reverra jamais, on ne réentendra jamais rien de pareil.

GOUNOD

Gounod.

(Discours pour l'inauguration du monument de Gounod au parc Monceau.)

Si quelque chose pouvait nous consoler de ne plus voir parmi nous le maître bien-aimé, ce serait la contemplation de ce marbre vivant où les traits du génial artiste renaissent dans cette matière incomparable, faite pour incarner les dieux et les héros, où le ciseau d'un de nos grands sculpteurs nous rend présent encore un de nos grands musiciens, où la beauté de l'art s'ajoute à celle de ce visage que ceux qui l'avaient vu, ne fût-ce qu'une fois, ne pouvaient oublier. Mais qui nous rendra le regard clair, malicieux et bon ? Qui nous rendra le sourire, qui nous rendra cette voix charmeresse, cette conversation dont chaque phrase était un enseignement, dont chaque mot étincelait

(1) Ce discours n'a pas été prononcé.

comme les facettes d'un diamant ? O Temps ! dans ton vol implacable, que de richesses tu nous emportes, trésors que rien ne remplacera jamais !

Etrange carrière que celle de Gounod ! Comme tous les créateurs, combattu dès ses débuts, naviguant obstinément contre vent et marée, il était dans sa destinée de ne connaître jamais le calme des succès incontestés, de la gloire tranquille ; et c'est au milieu de tempêtes rarement interrompues par de courtes accalmies qu'il a été chef d'école, qu'il est devenu le musicien le plus populaire de la France.

Créateur, ai-je dit : il l'a été plus que personne. En vain Marguerite, Juliette, Mireille sont-elles filles de Gœthe, de Shakspeare et de Mistral ; parallèlement aux créations des poètes, le musicien a fait naître les siennes, qui lui appartiennent en propre ; créations moins complètes, mais plus proches de nous, plus accessibles à la foule et, de par la nature même de la musique, ayant le don d'ubiquité. L'Angleterre seule comprend pleinement la Juliette de Shakspeare ; l'Allemagne, la Gretchen de Gœthe ; la Provence, la Mireille de Mistral ; pour le grand public du monde entier, Mireille, Marguerite et Juliette sont filles de Gounod. Plus simples que celles des poètes, animées de cette vie intense qui est la vie musicale, elles entrent dans notre existence journalière, elles nous admettent dans leur intimité. Elles ont quitté leurs riches vêtements, elles montrent leur cœur à nu, elles nous font vibrer à l'unisson de leurs sentiments les plus intimes et les plus cachés, laissant à leurs illustres sœurs les brillants ornements de la pensée. Ecoutez Marguerite lorsqu'elle chante :

... Ceux dont la main cruelle me repousse
N'ont pas fermé pour moi la porte du saint lieu ;
J'y vais pour mon enfant et, pour lui, prier Dieu.

Ecoutez les simples accords qui accompagnent ses derniers mots, nous révélant dans un frisson la douleur à jamais inconsolée, nous laissant entrevoir les profondeurs inquiétantes et mystérieuses de la vaste cathédrale ; et dites s'il est un autre art qui sache, avec si peu de chose, atteindre à de tels effets, et si beaucoup de musiciens ont su y atteindre !

Cette cathédrale de *Faust* ne semble-t-elle pas un lien entre l'auteur dramatique et le chantre sacré, dont l'orgue mis sous vos yeux est la symbolique évocation ? De ce chantre sacré, l'œuvre est immense ; deux sommets le dominent, la Messe de Sainte-Cécile, le *Requiem* de *Mors et Vita,* écrits, l'une au commencement, l'autre à la fin de la carrière de l'auteur : celle-là, parée de tout l'éclat d'un matin lumineux, celui-ci, doré par les feux splendides du couchant; œuvres admirables, où le sentiment d'une foi sincère s'allie à des formes parfaites, à un sens vocal qui se montre de plus en plus rare de nos jours, pourchassé par la fée dominatrice et jalouse de la musique instrumentale. Et pourtant la voix n'est-elle pas l'instrument vivant, l'instrument divin ? A ceux qui l'auront aimée et servie, non dans ses erreurs, mais dans sa beauté, elle donnera en échange la palme immortelle. Les instruments changent et passent; la voix reste. On peut chanter encore Palestrina et Roland de Lassus, et notre Jennequin ; il serait impossible de ressusciter la musique instrumentale du seizième siècle, dont les organes, merveilles de lutherie, ne sont plus que de précieux bibelots, relégués dans les collections et les musées.

O grand maître ! tu nous as montré le chemin, à moi et à tous mes frères d'armes; tu nous as guidés, encouragés, alors que la voie était obscure et douteuse ; tu as renversé les obstacles, nous n'avons eu qu'à marcher courageusement sur la route que tu avais péniblement tracée. Grâces te soient rendues, et gloire à jamais !

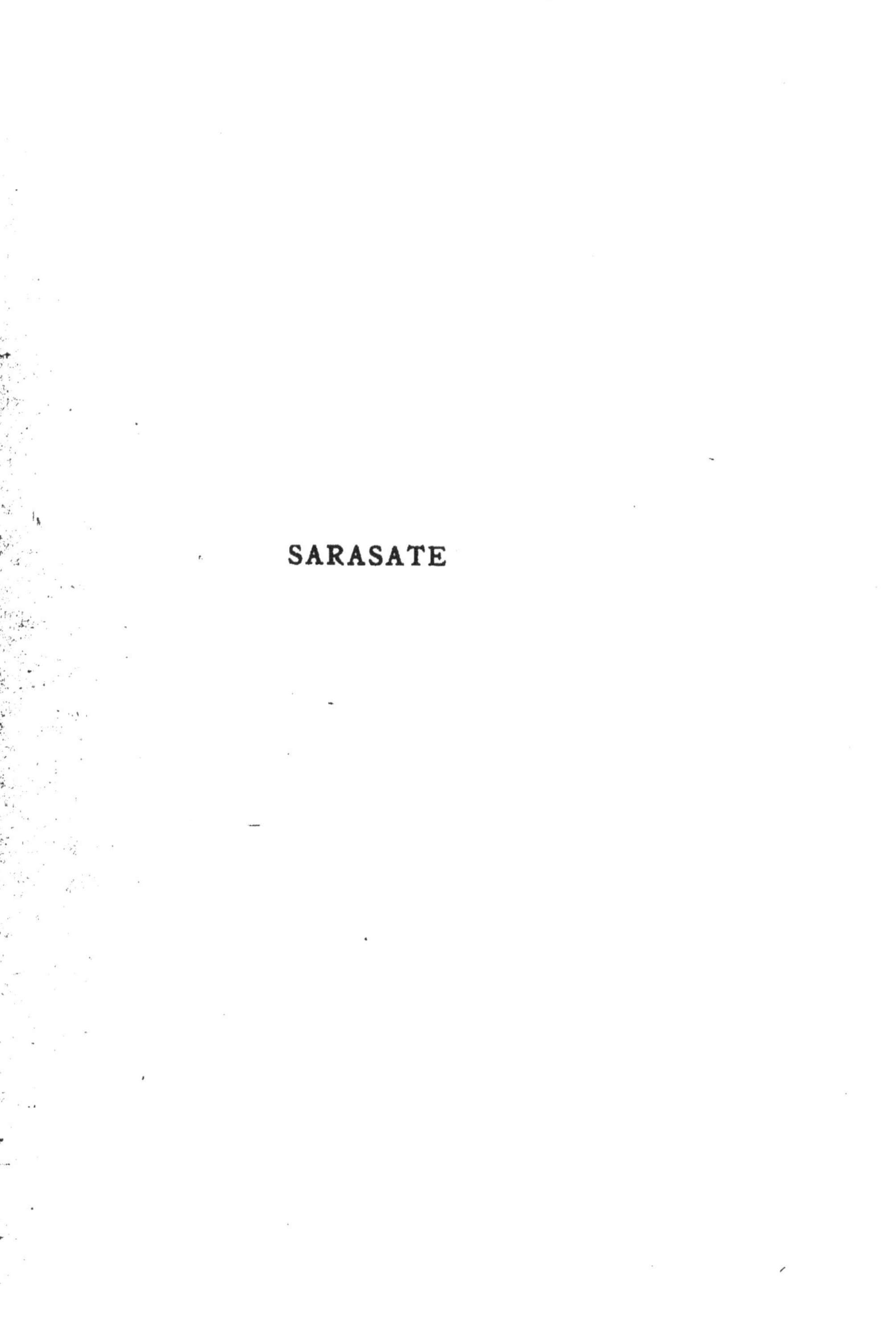

SARASATE

Sarasate.

Il y a bien longtemps de cela, je vis un jour arriver chez moi, frais et jeune comme le printemps, Pablo de Sarasate, déjà célèbre, dont un soupçon de moustache ombrageait à peine la lèvre. Il venait gentiment me demander comme la chose la plus simple d'écrire un concerto pour lui. Flatté et charmé au dernier point, je promis et tins ma parole avec le *Concerto en la majeur,* auquel on donne, je ne sais pourquoi, le titre allemand de *Concertstück.* J'écrivis ensuite pour lui le *Rondo capricioso* en style espagnol et plus tard le *Concerto en si mineur* pour lequel il me donna de précieux conseils auxquels est due certainement en grande partie la faveur dont jouit cette œuvre auprès des exécutants.

Ceux qui ont assisté autrefois à mes soirées musicales du lundi n'ont pas oublié l'éclat qu'y apportait mon illustre ami, éclat tel que pendant plusieurs années aucun violoniste ne voulut consentir à se faire entendre chez moi. Tous étaient effrayés par l'idée d'affronter la comparaison. Et il n'y brillait pas seulement par son talent, mais par son esprit, par la verve intarissable de sa conversation toujours intéressante et savoureuse.

En promenant à travers le monde mes compositions sur son archet magique, Pablo de Sarasate m'a rendu le plus signalé des services et je suis heureux de pouvoir lui donner publiquement, avec le tribut de mon admiration, celui de ma reconnaissance et de mon amitié qui le suit au delà de la tombe.

UNE SONATE

Une Sonate.

Les gens peu au courant des questions musicales croient d'ordinaire que les faits musicaux importants se passent au théâtre et que la musique instrumentale offre peu d'intérêt. C'est pourtant en dehors du théâtre que s'est révélée une des œuvres les plus intéressantes de notre temps, une simple et modeste sonate pour piano et violon. En littérature, il y a le Théâtre, il y a aussi le Livre auquel il faut toujours revenir, quelles que soient les puissantes séductions de la scène; dans la littérature musicale, la musique de chambre et de concert représente le livre, avec son importance particulière, sa solidité et sa durée. Depuis quelques années on commence à comprendre cette vérité en France; ceux qui l'ont comprise les premiers ont été accusés de fausser l'esprit français, de faire du germanisme et de haïr le théâtre; accusations puériles dont le temps fera nécessairement justice. Ce qui est vrai, c'est qu'il se forme un répertoire de musique instrumentale française capable de lutter avec avantage dans le champ clos où pendant longtemps l'école allemande n'avait pas de rivale. L'apparition de la sonate de M. Fauré nous a révélé un nouveau champion, le plus redoutable peut-être de tous, car il allie à une science musicale profonde une grande abondance mélodique et une sorte de naïveté inconsciente qui est la plus irrésistible des forces. On trouve dans cette sonate tout ce qui peut séduire les délicats, la nouveauté des formes, la recherche des modulations, des sonorités curieuses, l'emploi des rythmes les plus imprévus ; sur tout cela plane un charme qui enveloppe l'œuvre entière et fait accepter à la foule des auditeurs ordinaires, comme chose toute naturelle, les hardiesses les plus imprévues.

Avec cette œuvre d'apparence modeste, M. Fauré s'était placé, d'un bond, au rang des maîtres. Inconnu alors, il est aujourd'hui.

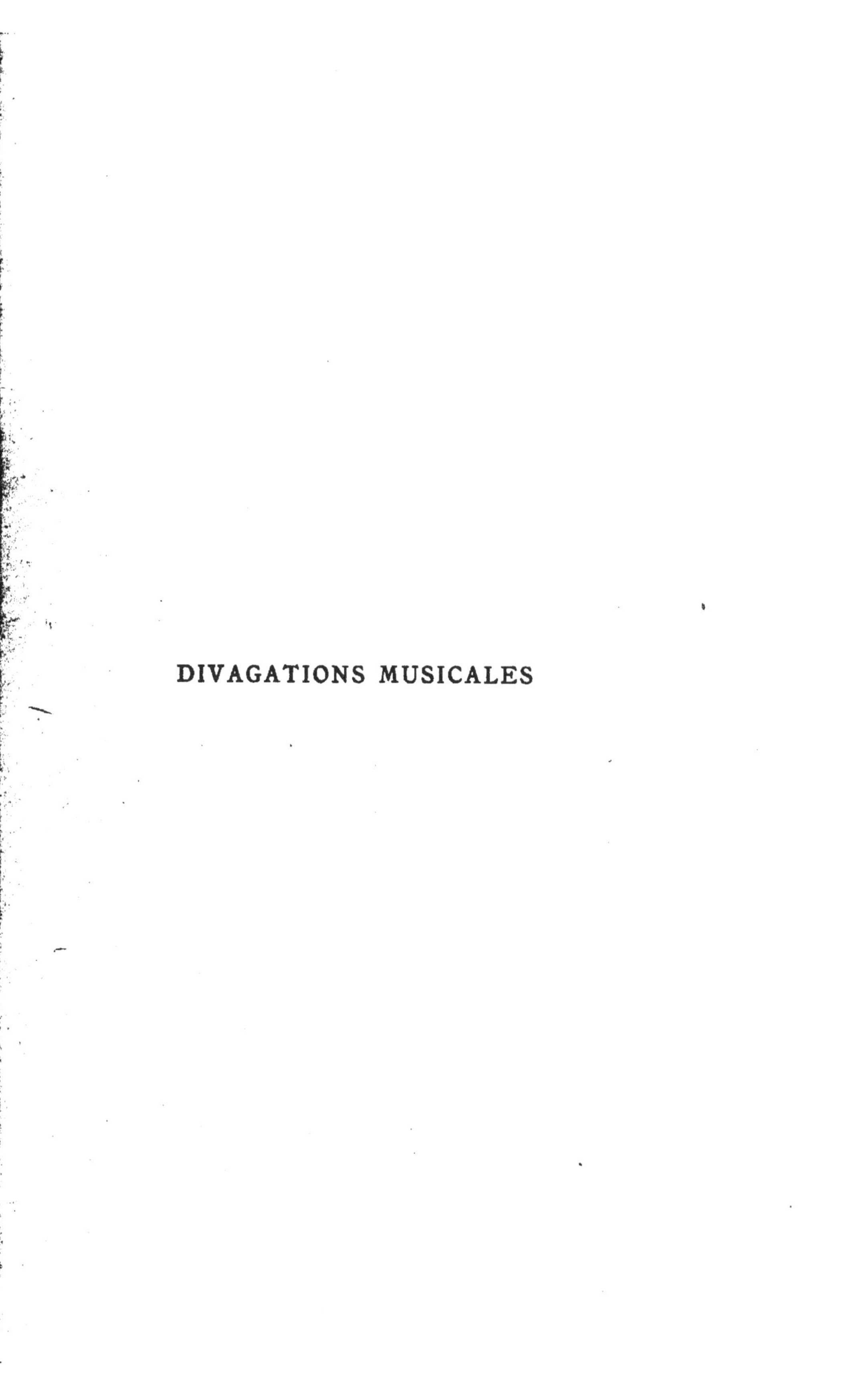

DIVAGATIONS MUSICALES

Divagations musicales.

De tout temps les appréciations sur l'art, et notamment sur l'art musical, ont été sujettes à d'étranges aberrations, à des divagations énormes : une puissante suggestion émane de l'art, et dans cet ordre d'idées les vessies se changent facilement en lanternes. Le public, avec candeur, se laisse prendre à ces billevesées. Quand on relit ce qu'un Stendhal disait de Cimarosa, ce qu'un Balzac disait de Rossini, on s'étonne des jugements qu'ils imposaient à leurs contemporains ; ceux-ci les écoutaient bouche bée, croyant bonnement que s'ils ne trouvaient pas dans cette musique italienne tout ce qu'on voulait leur faire voir, c'est qu'ils n'étaient pas capables de la comprendre.

Il y a cinquante ans, on n'osait pas émettre un doute sur la valeur d'opéras célèbres auxquels on affecte aujourd'hui de ne reconnaître ni mélodie, ni harmonie, ni instrumentation, ni rien... Beethoven, en ce temps-là, le divin Beethoven était l'*algèbre en musique*. Ne croyez pas que je l'invente : on n'invente pas ces choses-là.

Sans faire d'inutiles personnalités, ne nous étonnons donc pas de certains jugements, puisque là, comme ailleurs, il n'est rien de nouveau sous le soleil. Mais n'est-il pas permis d'avertir quelques lecteurs, s'il s'en trouve de bonne volonté, et de les mettre en garde contre les assertions de certaines personnes, de très bonne foi sans doute, mais suggestionnées à l'excès ? On devine qu'il s'agit de celles — fort nombreuses, comme on sait — qui se rangent sous la bannière du grand Richard et combattent à son ombre un combat depuis longtemps inutile.

Il ne leur suffit pas que le Dieu triomphe : il faut immoler des victimes sur ses autels.

Mendelssohn d'abord. Son œuvre est inégale. Mais *Elie, le Songe d'une nuit d'été,* les Sonates pour orgue, les Préludes et Fugues pour piano, la *Symphonie écossaise,* la *Symphonie romaine...* Essayez d'en faire autant !

On veut nous faire croire qu'à son apparition il fut accepté sans lutte, sa « médiocrité » l'ayant mis d'emblée au niveau du public.

N'en croyez rien.

J'ai assisté aux débuts du *Songe*, des *Symphonies*, devant le public de Paris, et il me souvient encore des lances que j'y ai rompues. J'ai vu, aux premières auditions du *Songe*, de vieux habitués du Conservatoire s'entrer les ongles dans la peau du front, en demandant avec angoisse pourquoi la *Société des Concerts* faisait endurer à ses abonnés de pareilles horreurs... il fallut que ce public découvrît peu à peu la *Berceuse*, puis le *Scherzo*, puis la *Marche*, puis l'*Agitato*, puis, enfin, l'*Ouverture*. Ce fut long !

Autre victime : Meyerbeer. On en veut surtout à ses *Huguenots*, à cause de leur succès retentissant et longtemps incontesté. En cette matière, on a trouvé un auxiliaire puissant dans un article de Robert Schumann, où il est dit que *les Huguenots* ne sont pas « de la musique ».

Malheureusement, quand Schumann, avec son merveilleux talent, a voulu tâter du théâtre, il a fait *Geneviève* ; et *Geneviève*, c'est de la musique, certes, et charmante, mais cette musique s'adapte mal au théâtre : tout le monde en convient. Dès lors, pour ce qui est des *Huguenots*, le jugement de Schumann perd de son autorité. En revanche, nous avons l'opinion de Berlioz, peu indulgent de sa nature, comme on sait, qui dans son fameux *Traité d'instrumentation* a cité des fragments du grand duo, « cette scène immortelle ».

Voilà un éloge, ce me semble, qui n'est pas négligeable.

*
* *

Les victimes immolées, il s'agit de faire en sorte que le Dieu ait raison en tout et pour tout (autrement il ne serait plus Dieu) : il faut lui reconnaître, en outre des nombreuses et étincelantes qualités qu'il possède, celles qui lui manquent.

On vantera, par exemple, son abondance mélodique, on vantera sa clarté. Assurément, il est clair quand il le veut, de même que certaines femmes sont vertueuses quand il leur plaît ; ce ne sont pas celles dont on a coutume de célébrer la vertu. La vertu, ce n'est pas Hélène, c'est Pénélope ; la clarté, ce n'est pas Wagner, c'est Mozart.

Des apologistes sont allés jusqu'à prétendre qu'il n'y a aucune difficulté d'exécution pour l'orchestre dans le répertoire de Bayreuth, qu'il ne s'y rencontrait pas même de « gaucheries », alors que certains passages sont non seulement difficiles ou gauches, mais impraticables.

J'ai sous les yeux un article très bien fait et très intéressant sur « l'avenir du drame lyrique ». L'auteur y fait le procès au genre noble, aux rois, aux héros, aux dieux, aux riches costumes, à tout ce qui est légende et mystère, à ce besoin presque général de placer l'action dans des pays et des temps lointains ; et je craignais, en le lisant, de m'acheminer vers la négation de l'œuvre wagnérienne ; car il m'avait toujours semblé qu'on y voyait des dieux, des héros, des légendes et des mystères, et que lorsque l'auteur avait voulu s'aventurer dans la vie réelle, il avait eu recours aux costumes et aux coutumes des temps anciens.

Erreur. La forge de Siegfried, les souliers d'Hans Sachs suffisent à faire de la *Tétralogie,* des *Maîtres chanteurs,* des œuvres réalistes. Mais n'allez pas croire Wagner capable d'un réalisme grossier ! Comme Beethoven, il répudie l'imitation directe de la nature, il *n'imite pas le bruit du fer,* il substitue l'homme à la chose, le forgeron à son outil, l'art expressif à l'imitation pure ; l'auteur continue longtemps sur ce ton.

Tout cela est fort joli ; mais ce n'est pas vrai. Une partie d'enclume, d'enclume réelle, existe dans l'orchestre, écrite dans la partition. Les effets que Wagner en a tirés sont très pittoresques, et s'il n'a pas substitué « l'art expressif à l'imitation pure, le forgeron à son outil », j'avoue humblement ne pas m'en formaliser. Mieux encore : dans *Rheingold,* il a introduit tout un orchestre d'enclumes, grandes, moyennes et petites, qui font rage pendant un temps assez long. Elles frappent *crescendo,* tandis que l'orchestre s'éteint progressivement, et restent *seules* pendant quelques mesures ; après quoi elles opèrent *decrescendo* pendant que l'orchestre reprend peu à peu son rôle : leur apparition et leur disparition se fondent dans l'ensemble. C'est au plus haut point original et saisissant. J'ai entendu cet effet pour la première fois à Munich, aux représentations organisées sur l'ordre du roi Louis II, malgré l'auteur et auxquelles celui-ci ne voulut pas assister. Le passage des *enclumes seules* causait à l'auditeur une sensation de vertige qui déplut sans doute à Wagner quand il l'entendit à Bayreuth, car il l'a supprimé aux répétitions. Je l'ai regretté, comme j'ai regretté les castagnettes qui claquaient autrefois sur un rythme ternaire à la reprise du motif de la Bacchanale, dans *Tannhaüser,* et qui ont disparu également.

Les dieux, les héros, les pays lointains, les temps reculés, tout cela est fort utile au drame lyrique, on voudrait en vain le nier ; ce n'est pas indispensable : M. Charpentier, dans *Louise,* l'a victorieusement démontré. Mais M. Charpentier, en véritable homme de théâtre qu'il est, a tourné la difficulté par toutes sortes de moyens ingénieux ; il nous a même transportés en pleine féerie, avec sa vision de Paris illuminé vu des hauteurs de Montmartre.

Pour en revenir à ce que nous disions, ne pourrait-on pas voir les choses telles qu'elles sont ? et par quelle aberration se plaît-on à raisonner faux, quand on est capable de raisonner juste, ce qui est le cas de tous ceux que j'ai cités ? L'un d'eux dit excellemment : « Dans son essence, l'art ne change pas. Seuls les hommes changent d'opinion sur ses moyens et sur ses limites. Quand ils seront bien sûrs enfin que celles-ci sont purement arbitraires et que tout a droit à la vie dans la cité du beau, ils concevront plus facilement la fécondité de l'art, inépuisable. »

Restons sur ces belles paroles, et souhaitons, sans l'espérer, qu'elles soient lues et appréciées comme il convient, et qu'elles servent de règle aux jugements futurs.

LE MÉTRONOME

Le Métronome.

En 1886, j'ai fait à l'Académie des Sciences la communication suivante :

« La musique diffère des arts plastiques en ceci que les arts plastiques ont pour élément la division de l'espace, tandis que la musique a pour élément la division du temps.

» En effet, la musique est l'art de combiner les sons successivement (mélodie) ou simultanément (harmonie). Dans l'un ou l'autre cas, un son étant composé d'un certain nombre de vibrations isochrones dans un temps donné, toute la musique se réduit à une relation entre des nombres. La mélodie et l'harmonie ne sont autre chose que des combinaisons rythmiques.

» On peut envisager les sons : 1° au point de vue de la rapidité plus ou moins grande des vibrations qui les composent ; 2° au point de vue de leur durée. Dans les deux cas, la relation entre les différents sons constitue à elle seule tout l'intérêt musical. Aux quinzième et seizième siècles, on ne se préoccupait pas d'autre chose. Le diapason était arbitraire et aucune indication ne venait guider le musicien pour la rapidité ou la lenteur de l'exécution, pour ce qu'on appelle en terme de musique le « mouvement d'un morceau ».

» Le développement de l'art du chant, en faisant appel à toutes les ressources de la voix, à toute l'étendue de l'échelle vocale, a fait sentir peu à peu la nécessité d'un point de départ absolu, quant au diapason ; chaque pays choisit le sien à sa guise.

» L'art, poursuivant son évolution, arriva nécessairement à reconnaître la nécessité d'un diapason unique, et l'Académie des Sciences a résolu le problème en créant le diapason normal, que toutes les nations adoptent successivement.

» D'un autre côté, le développement des combinaisons du rythme faisait naître la nécessité de déterminer le mouvement des morceaux de musique. On l'a fait dans des termes vagues, que chacun interprétait comme il pouvait, et l'on n'a pas connu d'autre moyen jusqu'à l'apparition du métronome. Cet instrument, inventé à la fin du siècle dernier par Stœckel et perfectionné par Maelzel, est un pendule muni d'un curseur et d'une échelle graduée, basée sur la division de la minute de temps.

» Dans les métronomes les plus fréquemment employés, les divisions s'étendent depuis 1/40 jusqu'à 1/208 de minute.

» Cet instrument est universellement employé. Malheureusement il ne peut être réellement utile qu'à la condition d'être un instrument de précision, ce qu'il n'est presque jamais. Le monde musical est peuplé de métronomes mal construits, mal réglés, qui égarent les musiciens au lieu de les guider.

» L'Académie, qui a rendu de si grands services à l'art par la création du diapason normal, compléterait son œuvre en dotant la musique d'un métronome normal, réglé mathématiquement, et en obtenant du gouvernement que les métronomes, avant d'être livrés au public, soient vérifiés et poinçonnés comme le sont les diapasons, les poids et mesures. »

L'Académie a écouté ma lecture avec la plus grande bienveillance ; mais quelque temps après, un des membres de l'Académie, qui n'entendait rien à la musique, a combattu mes idées et les choses sont restées en l'état.

LES FAUX CHEFS-D'ŒUVRE DE LA MUSIQUE

Les faux chefs-d'œuvre de la musique.

En lisant ce titre, plus d'un lecteur croira que je viens prêter main-forte aux démolisseurs du passé. Telle n'est point cependant mon intention ; respectueux du passé, je respecte même les morts ; ce n'est pas sans un sentiment d'involontaire vénération que j'ouvre ces anciennes partitions, naguère entourées de tant de gloire, plongées maintenant dans l'éternel oubli. En certaines parties, elles ont encore une allure, une majesté qui ne courent pas les rues. D'ailleurs, sait-on si les œuvres qui nous passionnent aujourd'hui garderont, avec le temps, tout leur prestige ? Peut-on savoir ce qu'on en dira dans un siècle ? Les commentaires les plus élogieux d'aujourd'hui ne dépassent pas ce qu'écrivaient, sur *Mosé* et *Semiramide*, les littérateurs de leur temps. On y découvrait des mondes ;

mais, ajoutait-on, les Français ne sont pas assez *sensibles* pour comprendre de telle musique ; les Italiens seuls en sont capables !

Rossini, avec une mélancolie souriante, a vu le public se détacher peu à peu de ses œuvres. Quand on eut l'idée de représenter *Sémiramis* à l'Opéra, il écrivit une lettre pour dégager sa responsabilité. «Cet ouvrage, dit-il, fut écrit pour un public et pour des chanteurs qui n'existent plus.» Il laissa faire, pour permettre à son vieil ami Carafa de toucher les droits d'auteur, comme chargé de la surveillance de l'exécution à laquelle lui-même refusa d'assister.

La jeunesse est volontiers guerroyante ; souvent, elle s'est attaquée aux chefs-d'œuvre immortels eux-mêmes, comme le petit serpent à tête folle de la fable. On n'a pas encore oublié la guerre inutile faite à Racine par les romantiques de 1830. Vacquerie, qui avait écrit : « Ce que j'ai contre *Phèdre ?* les dragonnades des Cévennes ! » mêlant ainsi à plaisir des ordres d'idées bien différents, rendait les armes à Racine sur le déclin de sa vie. Récemment, nous avons vu traiter avec mépris Lamartine, Hugo, Musset qui ne s'en portent pas plus mal. En musique, quand on a commencé à batailler « pour la bonne cause » on croyait devoir faire à Mozart une guerre à laquelle j'avais, dès l'abord, hautement refusé de m'associer.

Le nuage a passé, et l'astre de Mozart resplendit plus pur que jamais.

En ce moment on commence à s'élever contre la 9e Symphonie de Beethoven ; le finale, où éclate insolemment la gaieté des dieux, paraît manquer de distinction à certaines personnes qui confondent la *distinction* avec *l'air distingué*, « autour » avec « alentour ». Les ongles s'useront sur ce diamant. D'autres œuvres sont plus attaquables, qui ont cependant droit au respect. On me fera difficilement croire que des œuvres aient charmé ou passionné plusieurs générations, si elles n'avaient eu de sérieuses qualités, faciles à reconnaître d'ailleurs quand on veut prendre la peine de les étudier, et non de les juger sur des exécutions dégénérées qui les défigurent.

***

Ce n'est pas là ce que j'entends par les « faux chefs-d'œuvre de la musique ». Je veux parler de choses ridicules, ou simplement médiocres, que le gros public s'est cru forcé d'admirer, donnant tête baissée dans les panneaux tendus par de trop malins éditeurs.

On a connu, d'abord, les « Valses de Beethoven ». Valses authentiques, écrites par l'auteur dans son adolescence ; petits morceaux insignifiants et sans charme, ne ressemblant en rien à l'idée moderne de la valse, dont ils n'ont que le rythme à trois temps.

Cela parut au moment où les Concerts du Conservatoire ayant fait connaître les Symphonies, il devenait de bon ton de paraître admirer Beethoven. L'éditeur des Valses donnait à ces admirateurs de bonne volonté, mais de faible estomac, une nourriture à leur portée. Par une suprême habileté, il avait mis en tête du recueil le délicieux «*Désir*» de Schubert, attribué naturellement à Beethoven. On jouait toutes ces valses très lentement, avec une expression maniérée à l'excès, contrastant de la façon la plus ridicule avec la platitude de la musique.

Dans le même temps florissait la *Dernière pensée de Weber*.

Une troupe allemande avait représenté à Paris, avec un grand succès, *le Freischütz ;* Liszt avait joué dans les salons l'*Invitation à la Valse ;* Weber était à la mode. Alors un éditeur prit une valse de Reissiger, compositeur inconnu en France, et en fit la «*dernière pensée*» du compositeur mort à la fleur de l'âge. En jouant ce morceau avec lenteur et force nuances, en ayant grand soin de faire fonctionner les deux mains l'une après l'autre suivant les purs principes de la mauvaise exécution, en tenant la tête de côté et levant les yeux au ciel, les femmes romanesques et mélomanes faisaient de ce morceau, pour les oreilles du genre Midas, quelque chose de fort attendrissant. J'étais enfant alors, j'ignorais tout, de la musique ainsi que du reste, mais mon instinct m'avertissait ; je restais de glace aux Valses de Beethoven comme à la « Dernière pensée de Weber », sans éprouver autre chose qu'un profond ennui.

*
* *

Une autre mystification a été plus dangereuse, car elle dure encore, c'est l'*Adieu* de Schubert.

Les premiers *lieder* de Schubert importés en France furent une révélation. On sait qu'au lieu d'un simple accompagnement destiné à soutenir la voix, ils joignaient pour la première fois — à notre connaissance du moins — au charme mélodique de la partie vocale, l'intérêt d'une partie de piano fortement dessinée. Ces accompagnements mouvementés étant inaccessibles aux mazettes, un éditeur vint au secours de ces dernières en publiant sous le nom de Schubert un *lied* fait par un amateur, M. de Weihrauch. Le morceau est bien écrit, et ne déshonorait pas le nom de Schubert ; mais, en y regardant de près, la banale simplicité de l'accompagnement, le peu de richesse mélodique du chant qui répète jusqu'à douze ou quinze fois la même note, tout cela met une grande distance entre les deux auteurs. De loin, cela fait illusion. Le succès de l'*Adieu* fut énorme, dû en grande partie à une extrême facilité d'exécution que les œuvres authentiques ne présentaient pas ; et puis, on y chantait l'immortalité de l'âme :

« La mort est une amie
Qui rend la liberté ;
Au ciel reçois la vie,
Et pour l'éternité ! »

Quand une femme superbe, douée d'une voix magnifique, disait cela, en terminant sur de formidables notes de poitrine, c'était irrésistible.

Le succès colossal de l'*Adieu* vint aux oreilles du véritable auteur : M. de Weihrauch protesta de toutes ses forces, avec juste raison, et revendiqua ses droits. Vains efforts ! l'*Adieu*, pour le public, est resté de Schubert ; il le restera jusqu'à la consommation des siècles.

Plus d'un amateur a parlé de Schubert avec enthousiasme, qui ne connaissait de lui que cet *Adieu* !

* * *

La plus étrange de ces mystifications est peut-être celle dont Victor Hugo fut victime. Qui eut l'idée de lui donner, comme étant de Beethoven, une mélodie quelconque, prise, à ce qu'il paraît, dans une Revue des Variétés ?

De laborieux chercheurs parviendraient peut-être

à retrouver l'auteur de cette merveille. Très étranger à la musique, comme on le sait, Victor Hugo avala comme muscade la fâcheuse pilule. On lui persuada d'écrire des vers sur cette « admirable musique », pour donner au monde le spectacle de la conjonction du grand génie français et du grand génie allemand : et il écrivit *Stella*, qui ne s'accorde d'ailleurs, ni comme caractère ni comme prosodie, avec cette assez bizarre mélodie :

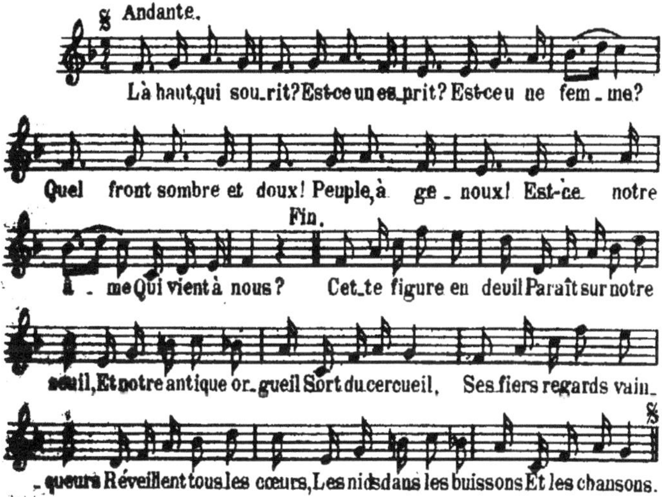

La neuvième mesure est superflue ; elle disloque la période et produit un effet analogue à celui d'un vers de treize pieds.

Hugo raffolait de cet air, et se le faisait jouer chaque soir par Madame Drouet. Quand j'eus l'idée d'écrire un « Hymne à Victor Hugo », je pensai qu'il y fallait mettre quelque chose de spécial au poète, et j'entrepris de faire quelque chose de musical avec cette mélodie légendaire. En supprimant la mesure parasite, en présentant le thème d'une certaine façon :

en superposant deux fragments de la mélodie :

en usant, en un mot, de toutes les roueries du métier, je suis parvenu à tirer de ce diamant faux quelques étincelles...

Tant il est vrai que le métier n'est pas inutile ! D'aucuns le dédaignent, n'admettent que l' « inspiration ». L'inspiration, c'est la matière précieuse et indispensable, le diamant brut, le métal vierge ; le métier, c'est l'art du lapidaire et du joaillier, ce qui revient à dire que c'est l'Art lui-même. Ceux qui méprisent le métier ne seront jamais que des amateurs.

HÉLÈNE

Hélène.

Il y a longtemps, très longtemps, j'avais eu cette vision : Hélène fuyant dans la nuit, arrivant brisée, à bout de forces, au bord de la mer, loin de son palais, rejointe par Pâris, — la scène de passion, la résistance enfin vaincue, la fuite suprême des deux amants après une lutte désespérée...

Car jamais je n'ai pu voir dans Hélène la femme simplement amoureuse : c'est l'esclave du Destin, la victime d'Aphrodite immolée par la déesse à sa gloire, le prix de la Pomme d'or ; c'est une grande figure dont la faute n'éveille point la raillerie, mais plutôt une sorte de terreur sacrée. Voyez-la sur les remparts d'Ilion, de cette ville sur laquelle sa présence appelle la ruine et le massacre : quand elle passe, les vieillards troyens se lèvent et la saluent. Plus tard, nous la retrouvons chez son époux, faisant en reine les honneurs de son palais, et personne ne songe à lui reprocher son passé, son abandon, les années vécues à Troie, tant de Grecs morts pour elle ! La fille de Zeus ne trouve sur ses pas que des égards et des respects.

J'avais donc fait le rêve de peindre en musique l'hégire des deux amants ; mais on sait comment la parodie s'en était emparée, avec quel bonheur et quel succès. Faire prendre au sérieux ces personnages d'épopée devenus comiques, de longtemps il n'y fallait pas songer ; j'avais remis ce projet à des temps ultérieurs et le temps ayant passé, le projet était sorti de ma mémoire.

Il a suffi d'une demande de M. Gunsbourg, repoussée d'abord, puis reprise avec insistance, pour réveiller mes souvenirs, et me montrer de nouveau Hélène et Pâris plus vivants que jamais.

J'eus d'abord l'intention, — idée de paresseux, je l'avoue, — de m'adjoindre un collaborateur ; mais quoi ? un collaborateur aurait voulu peut-être ajouter des idées aux miennes, ôter à ma conception sa simplicité ; je pris le parti de travailler seul.

Seul ! Pas tout à fait. A l'exemple de nos classiques, j'ai pris pour auxiliaire Homère, Théocrite, Eschyle, Virgile, Ovide même. Les érudits feront aisément la part de ce qui leur revient dans *Hélène*. Sans Virgile, aurais-je osé cette description du palais de Priam, ces toits dorés, ces murs revêtus d'airain poli et brillant, ornés de statues éclatantes, probablement polychromes, cet ensemble qui rend presque vraisemblable ces architectures étranges de Gustave Moreau ! Aurais-je osé le vers :

Dans le sang de ses fils Priam est égorgé ?

***

Mes notes prises, mon scénario tracé, il ne s'agissait plus que de se mettre à l'œuvre. J'étais alors au Caire l'hôte de S. A. le prince Mohammed Aly Pacha, frère du Khédive, jouissant d'une entière liberté, d'un calme que n'osaient troubler les visiteurs effrayés par d'énormes gaillards superbement costumés et formidablement armés, gardiens de la porte du palais.

Il me serait impossible de dire comment je trouvai, avant toute parole, la première phrase musicale sur laquelle je dus ensuite adapter les vers :

Des astres de la nuit tes yeux ont la clarté !

J'en étais là quand la direction du théâtre Khédival eut l'idée de donner un grand concert au bénéfice des marins bretons et de le composer entièrement de mes œuvres.

Me voilà tout à coup engagé dans des conférences et des répétitions, forcé de me « mettre en doigts » pour payer de ma personne dans cette solennité. Tout cela était incompatible avec un travail dans sa période initiale et critique. Je plantai là *Hélène* bien à regret, et quand plus tard je voulus me remettre à la besogne, ce n'était plus possible : j'étais désorienté, désaccordé ! Il me fallut quitter mon délicieux séjour du Caire pour aller chercher au milieu du désert, dans la thébaïde d'Ismaïlia, bain de lumière et de silence, ce qu'on est convenu d'appeler l'inspiration : Ismaïlia, séjour préféré du prince d'Arenberg, est un lieu divin.

C'est la *beata solitudo* tempérée par un groupe de gens très civilisés des deux sexes, employés de l'administration du Canal de Suez, entourés de leur famille, petite colonie d'élite qui comptait dans son sein jusqu'à deux poètes de talent ! Et comme ces aimables gens sont fort occupés, ils peuplent la solitude sans la troubler.

En douze jours j'avais écrit mon poème et bientôt je m'embarquai à Port-Saïd pour rentrer à Paris, où m'attendaient les préparatifs d'une reprise d'*Henri VIII* à l'Opéra. Quand cette reprise fut effectuée, je me trouvai fatigué. Mon « instrument à composer » ne fonctionnait plus ; il me fallut huit jours de repos à Biarritz, huit autres à Cannes, pour le remettre en état. Alors je me souvins que la ville balnéaire d'Aix-en-Savoie était adossée à une montagne fleurie, entourée d'un merveilleux panorama, d'accès facile, grâce à un chemin de fer à crémaillère, et j'allai m'installer sur le mont Revard où j'esquissai presque entièrement la musique d'*Hélène* achevée à Paris.

C'est ainsi qu'il faudrait travailler toujours dans le calme et le silence, à l'abri des distractions et des importuns, réconforté par les grands spectacles de la nature, entouré de fleurs et de parfums. Ainsi pratiqué, le travail est plus qu'un plaisir, c'est une volupté. On a remarqué une analogie entre l'apparition de Pallas dans *Hélène* et celle de Brünnhilde au second acte de *la Walkyrie;* ces analogies ne m'avaient pas échappé, mais il ne m'a pas été possible de l'éviter.

Hélène appelle à son secours son père Zeus. Que peut-il faire ? venir lui-même ? ce serait une apparition formidable qui briserait le cadre. Lui envoyer Mercure, le messager ? les anciens l'auraient peut-être admis, car Mercure conduit les âmes aux enfers ; mais pour nous, Hermès est un dieu léger de caractère comme d'allure ; on ne le voit pas bien menaçant et terrible, prédisant une catastrophe. Au contraire, comme ce rôle échoit naturellement à Pallas, antithèse vivante de Cythérée, fille de Zeus comme Hélène, il n'y avait pas à hésiter.

En art, quand la logique ordonne, il faut lui obéir, sans s'inquiéter d'autre chose. Certes, il est fâcheux de se trouver aux prises avec une des plus belles scènes qui soient au théâtre ; il le serait plus encore de reculer devant une analogie qu'on n'a pas cherchée, et qui s'impose par la force des choses.

Hélène et Pâris, Samson et Dalila, Adam et Ève, au fond, c'est toujours le même drame : la tentation triomphante, l'attrait irrésistible du fruit défendu.

Tout en protestant pour la forme, nous avons pour les vaincus des trésors d'indulgence et même de sympathie.

L'Eglise elle-même se réjouit de la faute d'Adam, *O felix culpa !* qui a rendu nécessaire la Rédemption, base de la religion chrétienne.

Supposez qu'Hélène et Pâris, terrifiés par les prédictions de Pallas, se disent un éternel adieu, ils emporteraient notre estime, ils ne nous intéresseraient plus. Qui s'est jamais intéressé à Ménélas ?

Cette situation, qui remonte au paradis terrestre, est inquiétante ; il y a là un problème qu'on n'est point parvenu à résoudre jusqu'à présent. Peut-être l'état civilisé dont nous sommes si fiers, très récent par rapport à l'âge de l'humanité, n'est-il qu'un état transitoire, une marche vers un état supérieur où ce qui nous semble obscur nous paraîtra clair, où certaines choses qui nous semblent essentielles ne seront plus que des mots. Espérons. Comme le dit Carmen, cette autre incarnation de la même idée, il est toujours permis d'espérer.

LES DEUX « DÉJANIRE »

Les deux " Déjanire ".

On connaît l'histoire de la première *Déjanire.* Cela se passait en 1897 ; M. Castelbon de Beauxhostes avait observé la remarquable sonorité des Arènes en construction ; il voulait en faire profiter l'art. J'étais alors en tournée dans le midi, donnant des concerts d'orgue, et M. Castelbon m'avait attiré à Béziers, me promettant par son influence l'usage de l'orgue de la cathédrale ; je visitai les Arènes, on y fit des essais de musique et de déclamation ; d'autre part, mon ami et collaborateur Gallet caressait ce projet de *Déjanire :* tragédie ? opéra ? il ne savait encore ; et je le décidai à en faire une tragédie, mêlée de chœurs à la manière antique. Mmes Cora Laparcerie, Segond-Weber et Odette de Fehl, MM. Dorival et Dauvilliers en furent les vaillants interprètes ; M. Duc et Mlle Armande Bourgeois donnèrent aux Coryphées des chœurs un merveilleux éclat ; et le résultat fut si brillant que le souvenir, chez les Bitterois, ne s'en est jamais effacé.

Mais cette œuvre, qui aurait pu avoir de l'avenir en Allemagne, n'en pouvait pas avoir en France où l'on ne trouve pas à demeure, dans le même théâtre, une troupe tragique de chanteurs et un orchestre. Aussi je rêvais de transformer cette œuvre en drame lyrique, d'autant plus que S. A. le prince de Monaco, les directeurs de l'Opéra de Paris, me demandaient une œuvre nouvelle. Les vers blancs de Gallet, de longueur inégale, pouvaient être chantés ; on chante bien de la prose ! Mais, à tort ou à raison, à mon avis, de même que le dialogue du roman ne saurait être celui du théâtre, un texte destiné à la déclamation et un texte destiné au chant ne sont pas la même chose ; et chaque fois que je tentais de mettre de la musique sur les vers de *Déjanire,* une répulsion invincible m'arrêtait.

Ce fut ainsi jusqu'au jour où je pris le parti de modifier le texte pour le rendre musical, en supprimant partout les mots, les vers qui n'étaient pas indispensables et auxquels la musique aurait donné une importance exagérée, en développant au contraire, pour les exigences du chant, certains passages, en donnant à tels vers plus de sonorité, en modifiant même l'allure de certaines scènes ; une fois entrée dans cette voie, la métamorphose devint facile et le drame lyrique se substitua sans effort à la tragédie.

Comme on sait, sur les théâtres en plein air, le décor est immuable ; il avait donc fallu, à Béziers, monter dès le premier acte le bûcher qui doit s'embraser à la fin. Dans le drame lyrique, il n'en va pas de même ; le bûcher n'apparaît qu'au dernier acte et tout ce qui s'y rapportait au premier a dû nécessairement disparaître.

L'Epithalame chanté par le Coryphée au dernier acte est maintenant chanté par Hercule, ce qui m'a conduit à faire de celui-ci un ténor, ce morceau ayant été primitivement écrit pour M. Duc et ne supportant pas la transposition. D'ailleurs, la voix de baryton, qui semblait indiquée pour le personnage, n'aurait pas donné au finale du second acte tout l'éclat nécessaire.

***

Pour parfaire mon œuvre, j'ai trouvé les meilleures conditions possibles au Caire, dans le délicieux pavillon que S. A. Mohammed Aly Pacha, frère du Khédive, a l'obligeance de mettre à ma disposition dans sa propriété de Rodah, au milieu du Nil. Entouré des eaux du fleuve sacré, rêvant sous les lambris dorés d'un immense salon surmonté d'une coupole et entièrement décoré dans le style de l'Alhambra de Grenade ;

ayant pour voisins les palmiers et les roses, pour hôte le plus aimable et le plus indulgent des princes, je me demande, quand j'y suis, ce que j'ai fait pour mériter un tel paradis ! C'est là que j'ai esquissé la musique de la nouvelle *Déjanire,* ainsi que celle écrite pour *la Foi,* le drame de M. Brieux.

OBSERVATIONS D'UN AMI DES BÊTES

Observations d'un ami des bêtes.

Un jour, à la tribune de la Chambre, Monseigneur Dupanloup, se croyant en chaire, tonnait contre les abominations du siècle ; et parmi les propositions impies qu'il livrait à l'indignation publique, figurait celle-ci :

Il y a des animaux qui réfléchissent.

Parole imprudente, défaut de la cuirasse, qu'il eût mieux fallu ne pas montrer ! car, s'il était nécessaire à la théorie spiritualiste que les animaux fussent incapables de réflexion, cette théorie serait bien malade. Depuis le discours de celui qu'on appelait le «fougueux prélat», les études sur l'intelligence des animaux se sont multipliées ; et cette intelligence est apparue avec une telle évidence, que seuls les aveugles de parti pris refusent de la voir. Nous ne sommes plus au temps où Mme de Grignan, s'appuyant sur Descartes, refusait l'offre d'un joli petit chien sous prétexte qu'elle ne voulait pas « s'embarrasser de semblables machines ». Des machines, ces pauvres petites bêtes si affectueuses et si dévouées !

Disons-le tout d'abord, nous ne partageons pas les idées spiritualistes, non plus que les idées matérialistes ; nous avons exposé là-dessus nos idées dans un opuscule, *Problèmes et mystères*, dans la *Nouvelle Revue*. Ces hypothèses sont peu connues, comme de juste, parce qu'elles ne rentrent pas dans notre spécialité, et que l'autorité nous manque pour les imposer ; elles attendent sous l'orme qu'un philosophe veuille bien les reprendre à son compte.

Le fond de ces hypothèses, c'est que les noms de « matière » et d' « esprit » sont donnés à de simples phénomènes dont la cause nous est inconnue, et que les phénomènes psychiques commencent avec ce qu'on appelle *la matière vivante.* « Psychique » vient de ψυχή, *âme ;* mais l'âme distincte de la matière ne saurait rentrer dans cet ordre d'idées ; il faut bien pourtant se servir du mot « psychique », à défaut d'un autre qu'il est inutile de créer, tout le monde comprenant clairement ce dont il s'agit.

Or, je pense que les phénomènes psychiques

forment une longue chaîne, un ensemble comparable au spectre solaire, avec l'Instinct à une extrémité et l'Intelligence à l'autre, ensemble qu'aucun être vivant ne posséderait complètement. On est d'accord pour ne plus voir, dans l'Instinct et l'Intelligence, deux entités irréductibles, et l'on a substitué au mot « instinct » le mot « inconscient », en reconnaissant que l'Inconscient jouait un grand rôle dans la nature humaine. A mesure qu'on s'éloigne de l'homme, l'Instinct gagne en étendue ce que perd l'Intelligence ; et dans bien des cas l'Instinct pénètre en des régions où l'Intelligence ne saurait atteindre : il arrive même, dans le monde des insectes, à des résultats incompréhensibles pour nous. Mais, de même que chez l'homme le plus intelligent l'Instinct, bien que dégénéré, est loin d'avoir entièrement disparu, de même chez les animaux où l'instinct est le plus développé, d'indéniables lueurs d'intelligence apparaissent. Il faut descendre jusqu'à l'amibe, jusqu'au végétal, pour trouver l'instinct pur de toute intelligence, à ce qu'il nous semble du moins ! et peut-être, dans des millions d'années, si la terre est encore habitable, surgira-t-il, sous l'empire de nouvelles conditions d'existence, un être d'intelligence pure et absolument consciente.

Les signes d'intelligence donnés par les animaux m'ont intéressé dès ma plus tendre enfance, et j'ai fait à ce sujet de nombreuses observations. Je vais essayer d'en retracer quelques-unes.

*
* *

Bien que, zoologiquement, l'araignée ne soit pas un insecte, je la rangerai pour plus de commodité dans cette classe, dont elle est voisine.

Malgré l'admiration dont on ne peut se défendre pour ses travaux, l'araignée m'a toujours causé une horreur insurmontable ; et dans l'espérance de vaincre cette aversion gênante, j'ai parfois apprivoisé quelqu'une de ces bestioles. Il faut pour cela une certaine patience. Aux premières tentatives, l'araignée effrayée se laisse tomber au bout d'un fil, ou s'enfuit rapidement dans une cachette. Il faut trois ou quatre jours pour qu'elle commence à se rassurer ; il faut toute une semaine pour qu'elle arrive, après des expériences habilement graduées, à prendre une mouche dans les doigts de l'observateur. Elle est alors complètement rassurée. On a parlé du goût de l'araignée pour la musique ; je l'ai observé plusieurs fois à la campagne, où j'attirais bien malgré moi, en jouant du piano, de grosses araignées dont le voisinage ne m'était nullement agréable.

Le signe le plus curieux d'intelligence m'a été donné par des araignées de Cochinchine. Dans ce pays, des araignées d'une grandeur énorme, peu redoutables parce qu'on ne les voit jamais que de loin, tendent d'un arbre à l'autre, à des distances relativement considérables, des fils horizontaux et parallèles ; sur cette chaîne elles tissent de place en place une trame sur laquelle elles se tiennent, la tête en bas. Or, quand les Français, occupant le pays, y eurent placé des fils télégraphiques, ces bestioles, trouvant une « chaîne » toute préparée, en ont profité; elles se sont établies sur ces fils qui leur épargnaient la plus grosse part de travail, se contentant de tisser la trame sur laquelle elles se mettent à l'affût. Il est difficile de ne pas voir dans ce fait le résultat d'une observation et d'une réflexion.

***

Tout a été dit sur les fourmis, leurs travaux et leurs combats. Je n'en parlerai pas, mais seulement d'une observation montrant qu'il peut y avoir, de fourmi à fourmi, ainsi que d'homme à homme, des différences de tempérament et de caractère.

C'était dans la forêt de Fontainebleau. J'observais, sur une pierre, une demi-douzaine de fourmis attablées autour d'une crotte d'écureil dont elles se régalaient. De temps en temps j'approchais mon doigt de ce groupe de gastronomes ; toutes s'écartaient du festin, avec des vitesses inégales marquant des degrés de frayeur différents, et toujours les mêmes à chaque alerte ; une seule fourmi ne daignait pas s'interrompre dans son occupation.

Après plusieurs essais, j'approchai mon doigt tout près du groupe : cette fois, toutes s'enfuirent pour ne plus reparaître, à l'exception de celle qui ne s'était jamais dérangée. Celle-ci se retourna vivement, se dressa en me menaçant de ses mandibules, puis fondit sur moi, tête baissée, de toute la vitesse de ses pattes. Et je reculai, vaincu par cette prodigieuse énergie morale ! Où est l'homme qui oserait braver un géant plus grand que la tour Eiffel ?

Il est vrai que l'insecte, bien plus que nous, peut ignorer le danger ; l'homme se blesse en tombant simplement de son haut ; l'insecte léger et cuirassé peut tomber de hauteurs énormes sans se faire aucun mal. L'audace de la fourmi n'en est pas moins remarquable, surtout par ce fait qu'elle était individuelle et que les autres fourmis ne la partageaient pas.

***

Le chat est indignement calomnié. L'homme ne lui pardonne pas sa fierté ; il trouve au-dessous de lui d'être forcé de gagner l'affection d'un être supérieur, qui connaît son prix et ne donne son amitié qu'à bon escient. Rien de plus caressant, de plus fidèle qu'un chat, quand on a su mériter ses bonnes grâces ; mais il ne supporte pas les mauvais traitements et sa jalousie est ombrageuse à l'excès.

Un été que j'habitais la campagne, une jeune chatte du voisinage avait pris l'habitude de venir me voir et me faisait mille caresses, tandis que j'étais occupé à écrire le sombre drame lyrique de *Proserpine*. Un beau jour on m'apporte, pour me le faire voir seulement, un ravissant petit chien de trois ou quatre mois ; je prends le chien et l'embrasse. La chatte voit cela : elle fait le gros dos et part en colère ; elle fut trois jours sans revenir.

Dans une autre villégiature, j'habitais un petit pavillon, entouré de nombreux voisins pareillement logés ; chiens et chats ne manquaient pas dans ce voisinage, et un tout jeune chien me tenait compagnie. Les animaux se réunissaient tous les matins dans une grande cour : les chiens jouaient, gambadaient, se livraient à ces joyeuses et inoffensives batailles que tout le monde connaît. Les chats s'établissaient comme au premier étage, sur des caisses d'emballage du haut desquelles, groupés et immobiles, ils contemplaient ces jeux ; et rien ne saurait rendre l'expression à la fois amusée et dédaigneuse avec laquelle ces personnes contemplaient les ébats grossiers du vulgaire.

Une haie me séparait d'un jardin voisin, et je défendais à mon petit chien de la franchir. Rien n'était plus amusant que ses ruses pour déjouer ma surveillance. Il feignait de penser à toute autre chose, de poursuivre les mouches, pour profiter d'un moment d'inattention de ma part, réelle ou feinte, et filer comme un trait. Je le mettais près de moi, sur une chaise, pendant mon déjeuner. Si je le grondais pour une raison quelconque, il prenait un air triste, et refusait obstinément les meilleurs morceaux tant que je ne lui avais pas prouvé, en l'embrassant, que je lui avais pardonné.

Transportons-nous dans une villégiature un peu plus lointaine, à Orotava, la perle de l'île de Ténérife, pendant un de mes hivernages dans cette île merveilleuse. J'avais pris pour but de mes promenades un admirable jardin botanique, riche en curiosités végétales. Le gardien de ce jardin avait un chien dont j'avais naturellement fait la connaissance. Comment cet animal comprit-il, un jour, que j'y venais pour la dernière fois ?

Il y a là un mystère impossible à pénétrer. Ce jour-là, le chien m'accompagne sur la route, ce qu'il n'avait jamais fait, et ne veut plus me quitter. Je le chassais, il revenait toujours. D'aucuns lui auraient jeté des pierres ; mais cette façon de répondre à des témoignages d'affection n'est pas dans mes habitudes.

Je ne savais comment faire. De guerre lasse, je m'agenouillai près du chien, je l'embrassai, je lui expliquai que je ne pouvais pas l'emmener; et il s'en retourna tristement chez lui.

*
* *

On voudra bien me permettre de dire quelques mots de ma chienne Dalila, griffon noir aux beaux yeux profonds, qui pendant dix ans a charmé mon existence de vieux solitaire. J'en dirai peu de chose : on est trop partial pour les êtres qu'on a aimés; je craindrais de dire des choses qui n'auraient d'intérêt que pour moi.

Elle n'était pas d'une intelligence extraordinaire, mais comme elle n'a jamais été corrigée, elle était très originale et montrait des délicatesses particulières. Sa grande amie fut sa mère Lisette, excellente bête qui avait, entre autres qualités, celle de ne pas connaître le vertige auquel les chiens sont d'ordinaire si sujets. Elle avait pour sa mère, dans certains cas, d'étonnants égards. Ni l'une ni l'autre ne furent jamais quémandeuses; mais quand par hasard l'idée leur venait de prendre part à mon dîner, Dalila laissait Lisette s'avancer, et s'asseyait derrière elle à distance respectueuse pour que sa mère fût servie la première; jamais elle n'y a manqué. Un jour, Dalila, ayant trouvé un sucrier découvert et accessible, y prit un morceau de sucre pour le porter à sa mère Lisette et fut ensuite en prendre un pour elle. Quand Lisette mourut, dans un âge peu avancé, Dalila faillit mourir de chagrin ; elle ne mangeait plus et avait perdu la moitié de son poids. C'était en hiver et j'étais absent de Paris. A mon retour, — ce retour était toujours pour elle l'occasion de cris, de manifestations de joie qui duraient plusieurs heures — elle avait repris un peu de gaieté, mais elle donnait encore de grandes inquiétudes pour sa vie. Il ne fallut rien moins que l'arrivée d'une balle en caoutchouc, rapportée de Londres et toute nouvelle pour elle, pour lui faire oublier ses chagrins et la ramener à la santé. Son plus grand plaisir était de monter sur les tables et elle savait, comme les chats, se promener sur une table couverte d'objets fragiles sans jamais en renverser un seul.

Elle ne pouvait entendre le son du piano sans pousser des cris perçants. L'aimait-elle, le détestait-elle, je ne sais ; car elle accourait dès qu'on jouait, au lieu de fuir, mais pour pousser de tels hurlements qu'il fallait l'emporter au plus vite à l'autre bout du logis. Cependant ni les autres instruments, ni le chant ne la mettaient dans cet état fâcheux d'excitation.

J'ai connu un chien qui adorait, au contraire, la musique de piano ; dès qu'on en jouait, il arrivait et se fourrait sous les pédales, ce qui ne laissait pas d'être fort gênant; mais il suffisait pour s'en débarrasser, de jouer n'importe quel morceau de Chopin : Au bout de huit mesures il avait quitté la chambre, l'oreille basse et la queue entre les pattes. L'expérience ne ratait jamais. Dalila connaissait le son du canon de la Tour Eiffel, et dès qu'il retentissait, elle se dirigeait vers la cuisine pour réclamer son déjeuner.

***

Je ne puis terminer sans protester de toutes mes forces contre les cruautés envers les animaux, contre les tueries inutiles auxquelles se livrent tant de chasseurs, tuant sans utilité pour le plaisir de tuer ; contre l'abus que l'on fait des animaux domestiques.

Il est à remarquer que les peuples sont d'autant plus cruels aux animaux qu'ils sont plus fanatiques : en Europe, les Italiens et les Espagnols se distinguent en ce genre, où ils sont largement dépassés par les Arabes ; j'ai vu, en Afrique, des horreurs qu'on ne saurait imaginer et que ma plume se refuse à décrire. Bouddha, en enseignant à ses sectateurs la métempsycose, a protégé merveilleusement l'animal que le Christianisme abandonne à toutes les brutalités, en proclamant qu'il est fait pour l'homme et le mettant à sa merci. Jamais je ne me consolerai qu'on ait réussi à introduire chez nous les courses de taureaux, cette école de barbarie qui fait un plaisir du spectacle de la mort et de la souffrance et met sur cet admirable pays d'Espagne une tache sanglante. Peu m'importe qu'on se moque de ma sensiblerie. On devait en dire autant des rares habitants de la Rome impériale qui ne se plaisaient pas aux jeux du Cirque, aux combats de gladiateurs et aux festins de lions dont les chrétiens faisaient les frais.

IMPRESSIONS D'AMÉRIQUE

Impressions d'Amérique.

On m'avait dit beaucoup de mal du Nouveau Monde.

« L'Amérique ne vous plaira pas, me disait-on. Tout vous choquera, tout y froissera vos goûts artistiques »... Des relations de voyages m'avaient montré des foules affairées, nerveuses, quelque chose comme une Angleterre exaspérée...

Il est certain que si l'on va chercher en Amérique les mêmes émotions qu'à Rome ou à Florence, on ne les y trouvera pas. Or, comme on sait, tous les touristes voyagent à la recherche des antiquités : vieux monuments, anciens tableaux. La quantité d'archéologues et de connaisseurs en peinture que possède l'univers est vraiment étonnante; et quand j'y pense, je revois toujours une jeune femme plantée devant la fameuse Madone de Raphaël, à Dresde, et regardant obstinément les lames du parquet. Ne parlez pas aux touristes de ce qui n'est pas ancien ! A Barcelone, j'ai découvert dans les nouveaux quartiers des chefs-d'œuvre d'architecture que je ne me lassais pas d'étudier et d'admirer : personne ne les regarde. On les regardera dans cent ans.

Comme je n'allais pas chercher en Amérique les vestiges du passé, je n'ai pas été mal impressionné par leur absence. En revanche, en arrivant à New-York, le Hudson, ce grand fleuve sillonné de tous côtés par d'énormes bateaux à plusieurs étages, traversé par des ponts gigantesques, m'a paru très beau ; à défaut de la beauté de la forme, c'est la beauté de la force et de la vitalité qui est encore une beauté. La ville est étrange, avec ses maisons qui, parfois, ressemblent à des tours ; certaines de ces maisons géantes n'ont d'intéressant que leur fabuleuse dimension, mais d'autres sont à voir ; il fallait trouver du nouveau pour ces constructions nouvelles, et les Américains ont trouvé. D'habiles architectes, parmi lesquels brille au premier rang notre correspondant de l'Académie des beaux-arts, M. Whitney Warren, aussi parfait gentleman que grand artiste, rêvent de faire de New-York une ville artistique et ils y arriveront. Ils n'épargnent ni les plus beaux marbres ni les bois les plus précieux. La nuit, quand les fenêtres s'éclairent à d'invraisemblables hauteurs, quand les feux électriques s'allument de tous côtés, on assiste à un spectacle fantastique et merveilleux. Notez que New-York possède un parc immense et admirable, où des écureuils gris, circulant en liberté, viennent gentiment solliciter l'aumône d'une amande ou d'une noisette.

***

Pour moi, le grand attrait d'un pays est dans la nature et dans les habitants. La nature est souvent belle en Amérique, pour qui sait l'admirer naïvement et pour elle-même, ce qui n'est pas, en général, le fait des voyageurs.

A beaucoup de gens le plus beau site ne dira rien, s'il n'est pas célèbre, s'il ne rappelle pas un fait historique. Sans vouloir contester l'intérêt qu'un grand souvenir peut ajouter à un paysage, j'avoue que les Alpes me paraîtraient toujours belles quand même d'illustres armées ne les auraient point traversées...

Pour ce qui est des habitants, je ne les ai pas vus tels qu'on me les avait dépeints. Circulant à l'aise dans des rues toujours spacieuses, ils m'ont paru plutôt tranquilles, comparés aux citadins agités de certaines villes du Nord ; je les ai trouvés courtois et sympathiques. Et puis, comment ne se plairait-on pas dans un pays où toutes les femmes sont charmantes ? Et elles le sont toutes ! Celles qui, par hasard, ne sont pas belles trouvent moyen de faire illusion. Je craignais de rencontrer des femmes garçonnières, aux cheveux courts, au regard dur. Quelle agréable surprise ! La femme règne en Amérique, il est vrai, un peu trop même, à ce que l'on dit ; mais elle reste essentiellement femme, elle règne comme elle a le droit de le faire, par son charme, sa grâce, son irrésistible séduction.

Revenons à l'art. Oserai-je le dire ? J'ai trouvé souvent là meilleur goût que dans certaines villes d'Europe que je me garderai bien de nommer. Les Américains imitent les Romains, les Grecs surtout, le quinzième siècle, la Renaissance. Est-ce à nous de leur en faire un crime ?

Il m'a semblé que leurs imitations n'étaient pas toujours maladroites, et que, notamment, les constructions de style grec dont s'orne actuellement la ville de Washington étaient d'une grande élégance. Le mauvais goût, je l'ai trouvé au théâtre, dans les opérettes où d'affreuses habitudes, nées, si je ne me trompe, dans le giron de l'opérette italienne, gâtent des œuvres légères qui, sans cela, ne manqueraient pas d'agrément.

Je ne vous décrirai pas ces habitudes ; vous ne les connaîtrez que trop tôt, car on vous les imposera, comme on vous a imposé les danseuses anglaises, leurs perruques et leurs contorsions hideuses, malgré les protestations du bon Sarcey.

Il y a d'admirables musées à New-York; des musées d'histoire naturelle qui m'ont vivement intéressé, mais dont je ne vous parlerai pas, faute de compétence, et un musée d'art dont la description demanderait un volume. Plusieurs salles sont consacrées aux instruments de musique de tous les temps et de tous les pays.

La sculpture n'est pas très riche, mais il y a de nombreuses salles de peinture où notre école française du dix-neuvième siècle brille d'un merveilleux éclat. Ne croyez pas que les Américains aient acheté sans discernement les œuvres de nos artistes, en se contentant de les payer très cher ! C'est le dessus du panier qu'ils ont pris. Et si j'avais quelque mélancolie en constatant que ces peintres, dont j'ai connu la plupart, sont entrés dans l'éternité, j'éprouvais une grande consolation en constatant qu'ils entraient en même temps dans la gloire.

J'ai revu là le *Marché aux chevaux* de Rosa Bonheur, des Meissoniers et des Gérômes de tout premier ordre, un admirable Lemercier de Neuville, de fins portraits de Manet, un Cazin exquis, deux superbes Desgoffes, des Decamps, des Isabeys et tant d'autres ! Tous ces tableaux ont un grand défaut : ils ne sont pas anciens. Patience ! ils le seront bientôt. Pour les hommes de ma génération, les peintres du dix-huitième siècle étaient anciens ; ceux du dix-neuvième siècle le seront pour les hommes qui naissent aujourd'hui, et je n'ai pas d'inquiétude sur la place que notre école du dix-neuvième siècle prendra devant la postérité.

Notre école musicale, elle aussi, fera bonne figure ; nous avons, dans la seconde moitié du siècle, toute une glorieuse pléiade que domine Berlioz, sinon comme musicien au sens précis du mot, du moins comme artiste ; nous avons Reber, l'amoureux du passé, dont on oublie à tort les gouaches un peu pâles, mais délicates et finement dessinées ; nous avons toute cette brillante école du commencement du siècle, le genre qu'on a dénommé, avec orgueil d'abord, avec dérision plus tard, *le genre national,* école un peu trop bourgeoise et terre à terre, je le veux bien, mais si fraîche et si gaie !

L'étranger, qui a travaillé à nous en dégoûter pour mieux nous imposer sa musique, continue à s'en régaler, et l'amateur qui franchit le Rhin en rêvant de la Walhalla et de ses vierges guerrières est tout étonné de voir sur les affiches *la Dame blanche, le Domino noir* et *le Postillon de Longjumeau.*

*
* *

La curiosité tient une grande place dans le musée de New-York. Objets japonais et chinois anciens, faïences orientales, bois sculptés, les pièces rares et curieuses y abondent ; la perle des collections me paraît être celle des jades qui tient une salle entière et dont le catalogue illustré, qui a coûté 150.000 francs, tiré à cent exemplaires, est une étonnante merveille ; on peut le voir à Paris, à la bibliothèque de l'Institut.

Toutes ces richesses sont des dons ou des prêts de particuliers qui dépensent des fortunes pour enrichir le patrimoine artistique de leur pays ; ils travaillent ainsi à l'éducation de ce peuple, qui, plus tard, n'en doutez pas, quand il sera devenu homogène, donnera, lui aussi, sa floraison d'art. Déjà Cincinnati, ville au doux climat, pittoresquement située, fabrique d'admirables poteries, que nos Expositions ont récompensées ; et vous serez surpris en apprenant qu'il n'y a là aucune spéculation : tous les bénéfices de l'entreprise sont consacrés à de nouvelles études, à la recherche d'incessants perfectionnements.

Pour en venir à l'art que je cultive, sachez que j'ai trouvé partout d'excellents orchestres, où figurent souvent des artistes français, et partout aussi d'excellents chefs. J'ai été ravi de rencontrer à New-York

M. Walter Damrosch, amené tout enfant par son père, avec qui Liszt, qui en faisait grand cas, m'avait mis en relations au moment même où il se disposait à quitter l'Allemagne pour l'Amérique. M. Walter Damrosch tient sa place en digne successeur de son père; comme lui, et comme le regretté Théodore Thomas, il est sympathique aux compositeurs français, et il n'est pas le seul. Pendant que j'étais à New-York, on a exécuté avec succès *la Croisade des enfants,* de M. Gabriel Pierné, sous la direction du frère de M. Walter Damrosch, et j'ai vu dans toutes les villes que j'ai visitées les œuvres de César Franck et les miennes au répertoire.

A Philadelphie, mon passage a heureusement coïncidé avec une fort belle exécution de *Samson et Dalila* en oratorio par une société d'amateurs de deux cent cinquante choristes. La Dalila, comme voix et comme talent, était la perfection même, et l'orchestre, dans la Bacchanale du dernier acte, est arrivé au summum de la chaleur et de l'éclat.

On me permettra d'être bref sur l'accueil que j'ai reçu personnellement. Qu'il me suffise de dire que nulle part je n'ai rencontré un public plus attentif, plus silencieux et plus enthousiaste. Il m'a fallu retrouver mes doigts d'autrefois pour jouer mon Concerto en *sol* mineur, que tout le monde voulait entendre interprété par l'auteur. Cela ne me plaisait guère, car aujourd'hui les jeunes gens le jouent naturellement mieux que moi, et j'aime mieux faire entendre le cinquième, plus approprié à mes moyens actuels et plus symphonique.

J'ai donc exécuté mon *Sol* mineur, à Washington, devant le célèbre Président Roosevelt, qui, après m'avoir reçu de la façon la plus affable, m'a fait encore le rare et insigne honneur de venir m'entendre. En ce même Washington j'ai eu, de plus, l'inappréciable avantage de faire la connaissance de notre ambassadeur, M. Jusserand, et de sa charmante femme. Ecrivain des plus distingués, M. Jusserand est un homme d'infiniment d'esprit. Il était grand ami du Président, qui l'emmenait dans des excursions dont les récits, faits par lui, sont d'invraisemblables épopées.

Mais dirai-je le plaisir que j'ai éprouvé en voyant, à Washington, la statue de La Fayette et, lui faisant pendant, celle de Rochambeau? Les Américains ont une qualité qui m'a beaucoup touché : ils ne sont pas ingrats; ils n'ont pas oublié la part que la France a prise à leur indépendance.

Partout en rencontre des statues, des bustes, des portraits, des souvenirs, des reliques de La Fayette. Et puisque nous sommes à Washington, hâtons-nous, avant de quitter cette ville, de dire combien elle est charmante; si son Capitole, sa Bibliothèque (admirablement meublée, d'ailleurs), son Obélisque ne m'ont pas enthousiasmé outre mesure, j'ai été charmé de la ville elle-même, oasis de verdure où les larges avenues sont bordées de coquettes maisons, où il n'y a ni bruit ni fumée, peu de tramways et peu de « gratte-ciel » à vingt étages. Ces hauts bâtiments sont d'ailleurs fort agréables à habiter; de ces hauteurs, on plane comme en ballon, on se grise d'espace et de lumière. On y accède en quelques instants au moyen de l'ascenseur électrique, un de ces outils à faciliter l'existence qui rendent la vie si agréable là-bas.

Nous n'avons pas idée, en Europe, d'un tel confortable. Chaque chambre d'hôtel a pour annexe une chambre de bain, des cabinets pour loger les malles et suspendre les habits.

Chacun a son téléphone, avec lequel il peut converser avec toute la ville et toute la journée. Les voyages en chemin de fer — n'était l'épée de Damoclès des accidents trop fréquents — sont bien moins pénibles qu'en Europe. Chaque billet porte un numéro, et ce numéro est celui que vous trouvez libre dans une immense voiture où l'on circule à l'aise, sans qu'il soit besoin de se presser ou de s'ingénier pour retenir une place. La nuit, ce sont des lits spacieux, moelleux, munis de chaudes couvertures ; et si l'on y met le prix, on a une grande cabine où deux et même trois personnes peuvent se loger ; une circulation de vapeur ou d'eau chaude vous assure en hiver une température estivale. Aussi les Américains se déplacent-ils avec une étonnante facilité ; à chaque voyage, je rencontrais des gens que j'avais laissés à deux cents lieues la semaine précédente. Quand vient le moment du repas, au lieu du menu que vous connaissez, on a le choix dans une carte de mets variés et excellents servis avec une fastueuse abondance et à des prix très modérés.

A Detroit, je n'ai pas été peu surpris de me trouver au milieu de l'eau : le train entier, sans crier gare, avait pris place sur un bateau, pour reprendre sa course de l'autre côté de la plaine liquide.

***

Au commencement de mon séjour à New-York, j'ai été fort malade, à tel point que mon médecin, qui est celui de tous les chanteurs et de tous les artistes, le docteur Curtis, voulut me donner une garde. Je protestais, craignant de voir arriver quelque maritorne. Quel fut mon étonnement quand je vis apparaître une exquise créature, mince comme un roseau et fraîche comme le printemps, d'éducation parfaite, discrète et gracieuse, sans coquetterie comme sans pruderie, dont la vue seule était un réconfort et un soulagement. Elle apparaissait au milieu de la nuit, roulée dans une robe de chambre japonaise, pour voir si la fièvre n'avait pas augmenté, si les prescriptions du docteur étaient bien observées.

Il paraît que ces délicieuses gardes épousent parfois leurs malades, quand ils sont guéris...

Pendant mon séjour, notre charmant ténor Rousselière a remporté, dans *Roméo,* au *Metropolitan Opera,* un grand succès, car là, comme à Londres, on chante les ouvrages dans leur langue originale, *Roméo* en français, *Aïda* en italien, *Lohengrin* en allemand ; on évite ainsi la traduction, si souvent trahison, qui défigure plus ou moins les œuvres, en altère toujours le caractère. La mise en scène, au Metropolitan, n'est pas à la hauteur de l'exécution musicale, et même dans la *Traviata,* — où j'ai entendu une admirable artiste, Mme Marcella Sembrich, — on avait supprimé la musique sur la scène, cet effet si original du premier acte, cette valse lointaine qui accompagne le dialogue des deux amants. Peut-être cette suppression était-elle due à quelque accident indépendant de la volonté directrice ?... Je me plais à le croire.

Il est de mode, après le théâtre, d'aller souper chez les Chinois. Ceux-ci habitent dans un quartier assez lointain quelques petites rues où ils ont installé des restaurants. On y boit d'excellent thé, et l'on y mange des ratatouilles qui ressemblent à la vraie cuisine chinoise (j'ai connu celle-ci à Saïgon) comme les repas que font nos maçons dans leurs crémeries ressemblent aux dîners de Voisin ou de Paillard. La différence est plus grande encore; car rien n'approche comme délicatesse de ces dînettes chinoises, servies dans des tasses minuscules, peintes et fragiles, qui semblent préparées pour des fées, dont la succulence n'a d'égale que la variété. Potages aux algues marines, graines de lotus, jeunes pousses de bambou, précieux nids d'hirondelles, délicieuses pâtes de crevettes moulées en forme de fleurs et d'étoiles, sauces parfumées, petites tomates confites, bâtonnets légers d'écaille et d'ivoire, cuillères de porcelaine fleurie : le barbare Occident n'est pas digne de vous !

***

Je ne voulais pas vous entretenir du Jardin zoologique; j'y reviens malgré moi, ramené par un spectacle affligeant que j'ai vu là comme partout, et dont la hantise me poursuit depuis longtemps.

Il s'agit des animaux carnassiers, traités d'une façon injuste et barbare, sous prétexte qu'ils sont « féroces ».

Pourquoi « féroces » ? En quoi le lion qui dévore un mouton, l'aigle qui chasse une colombe sont-ils plus féroces que la cigogne qui mange une grenouille, que l'hirondelle qui mange un insecte ? En rien ; mais ils sont redoutables pour l'homme, et celui-ci, fléau des animaux, n'admet pas que ses victimes puissent l'attaquer à leur tour. Les carnassiers sont traités comme des criminels. Pour les herbivores, pour les échassiers et les oiseaux aquatiques, la liberté relative, l'espace et l'exercice ; pour eux, l'étroite captivité, souvent même la privation d'air et de lumière.

Fosses aux lions, fosses aux ours. A New-York, j'ai vu des renards et des loups renfermés dans d'étroites cages où ils pouvaient à peine se mouvoir. C'est pourtant parmi ces carnassiers que se trouvent les plus beaux animaux de la création. Ne serait-il pas plus intéressant de les voir bondir et s'ébattre que de les voir tourner sans fin dans une geôle ? Le lion, le renard sont extrêmement intelligents et s'apprivoisent aisément. Tandis que l'ours et le tigre font les cent pas dans leur étroite prison, le lion s'assied, se couche et regarde les visiteurs. Osez le regarder sérieusement vous-même et dites s'il est possible de ne pas être impressionné par cette tête admirable, ce regard profond, cet air indéfinissable de majesté déchue et résignée ; dites s'il n'est pas abominable de condamner cette belle créature à mourir d'anémie et de consomption ! Qu'on ne s'y trompe pas, ce n'est pas la cause de l'animal que je plaide ici, mais celle de l'homme, de l'homme civilisé pour qui c'est une honte de se conduire comme le sauvage, incapable de réfléchir et de comprendre la nature. Les carnassiers sont dangereux, d'accord. Il suffit de les loger de façon à ce qu'ils ne puissent pas s'échapper, sans pour cela les mettre au cachot. La question n'est pas insoluble.

***

Sortons du Jardin et rentrons dans la ville, qui m'a laissé de si bons souvenirs. Comment n'être pas touché par tant de témoignages de sympathie ? Comment oublier ce public, m'applaudissant à l'Opéra quand il m'apercevait dans une loge, tandis que l'orchestre me gratifiait d'une fanfare ? Comment oublier cette réception chez un vieil ami, M. Hermann Klein, où tant de notabilités sont venues pour me serrer la main ; comment oublier la fastueuse fête du Lotos Club, le savoureux banquet auquel assistait la fine fleur des artistes et de la presse, où l'on m'a dit des choses si flatteuses qu'il me serait impossible de les répéter ?

Oui, l'Amérique m'a plu et j'y retournerai volontiers ; mais est-ce là que je voudrais vivre ? comme dit la chanson. C'est une autre question. Né dans la première moitié du dix-neuvième siècle, que je le veuille ou non, j'appartiens au passé ; à tout le confortable de la jeune nation, je préférerai toujours nos vieilles villes, nos saintes reliques du vieux continent. En revenant de New-York, Paris m'a fait l'effet d'un joli bibelot; mais quelle joie de le revoir !

Ce qui m'a plu là-bas, c'est moins l'Amérique telle qu'elle est que l'idée de l'Amérique telle qu'elle pourra être un jour. Il m'a semblé voir un grand creuset où mille ingrédients s'amalgament pour former une substance inconnue ; et dans ce travail, quelle activité dépensée, que de richesses en mouvement, que de progrès scientifiques, dans la science utile et pratique, dans la science pure ! Une chose est faite pour étonner : l'importance donnée par ce peuple aux questions religieuses ; car, enfin, cette poursuite de la richesse, cet appétit de domination, cet amour immodéré des jouissances terrestres, tout cela est le contraire de l'esprit évangélique qui prêche le renoncement, le détachement, l'humilité, le mépris des biens temporels. On s'étonne moins quand on réfléchit qu'en tout temps l'âme humaine a su concilier les plus étranges contradictions. La cruauté d'un Louis XI, l'orgueil démesuré, la vie scandaleuse d'un Louis XIV faisaient bon ménage avec la plus haute dévotion, et la naïve Mme de Caylus nous montre, comme une chose toute naturelle, l'Aigle de Meaux entretenant le Roi dans l'embrasure d'une fenêtre et s'occupant à le raccommoder avec Mme de Montespan.

Les Américains pensent sans doute qu'en chassant les vendeurs du Temple le Christ ne leur a pas interdit de s'enrichir ailleurs. Il est néanmoins quelque peu déconcertant de voir, dans un pays où se dépensent tant de millions pour la science, prospérer une secte qui a déclaré la guerre à la médecine et prétend guérir toutes les maladies par la prière. Elle compte, paraît-il, plus d'un million d'adhérents !

Tout ce que l'on voit là-bas apparaît, à distance, comme une espèce de mirage, comme quelque chose d'irréel, parce que ce monde est dans un état transitoire, parce qu'il n'est encore, en définitive, que la préparation d'un monde nouveau. Peut-être ne sera-ce pas trop de plusieurs siècles pour lui donner sa forme parfaite. Pendant ce temps, n'est-il pas à craindre que le vieux monde, alourdi par tout ce passé dont il ne peut se déprendre et dont le fardeau augmente toujours, n'aboutisse à la décrépitude et à la mort ? Questions insolubles, que le temps seul résoudra.

Quand, dans sa lente spirale, au lieu de la pâle étoile de la Petite Ourse, le pôle Nord montrera dans le ciel la brillante étoile de la Lyre, l'humanité sera bien changée.

En même temps que le pôle terrestre, le pôle de la civilisation sera déplacé.

Table des Matières

Achevé d'imprimer
le 25 janvier 1914

CE VOLUME EST MIS DANS LE COMMERCE AU PRIX NET DE 7 FR. 50

Le succès qui accueille depuis quelques années des collections, comme celle des *Bibliophiles fantaisistes*, — ouvrages de luxe par la beauté de l'impression et le chiffre restreint de leur tirage, mais qui néanmoins restent d'un prix abordable, — prouve que leur création répondait bien aux vœux du public lettré. A côté du volume courant à 3 francs 50, à côté des séries à bon marché qui pullulent, il y a place pour des ouvrages qui puissent satisfaire en même temps l'amateur de bonne littérature et le bibliophile.

La collection « To the Happy few » a été conçue selon ces principes. Mais elle séduira particulièrement les collectionneurs par certains caractères nouveaux. D'abord, elle comprendra seulement dix volumes. Les textes, signés des noms les plus illustres, ont été réunis dans un souci de judicieux éclectisme; à côté de pages d'imagination, on y trouvera des œuvres documentaires sur le théâtre, l'histoire ou la musique.

Une telle collection, autant par la valeur littéraire des œuvres éditées que par le caractère artistique de cette édition, sera certainement goûtée par les bibliophiles qui déplorent que la librairie française se soit laissé, depuis trop longtemps déjà, distancer par l'étranger.

Les dix volumes seront publiés dans un format unique, et toujours tirés à cinq cents exemplaires, numérotés à la presse, sur très beau papier.

En outre, quelques exemplaires seront tirés sur papier Edogawa du Japon, texte réimposé, dans le format in-4°, et accompagnés d'un frontispice spécialement exécuté pour eux.

Des dix ouvrages choisis sont les suivants, les uns d'ailleurs déjà prêts, les autres sur le point de l'être :

JULES LEMAITRE, de l'Académie française : *Les Péchés de Sainte-Beuve.*

ALFRED CAPUS : *Le Théâtre.*

Comtesse de NOAILLES : *De la Rive d'Europe à la Rive d'Asie.*

MARCEL PRÉVOST, de l'Académie française : *Paradoxes sentimentaux.*

CAMILLE SAINT-SAËNS, de l'Institut : *Au courant de la vie.*

PIERRE DE NOLHAC : *Le dernier Amour de Ronsard.*

MAURICE BARRÈS, de l'Académie française : *Un opuscule.*

RENÉ BOYLESVE : *Le pied fourchu.*

MAURICE DONNAY, de l'Académie française : *Des Souvenirs.*

COLETTE WILLY : *Impressions.*

Ces dix volumes paraîtront au cours de l'année 1913-1914.

Chaque exemplaire sera mis dans le commerce au prix net de 7 francs 50.

Les exemplaires sur Japon, au prix net de 25 francs.

Avantages réservés aux Souscripteurs à la collection complète.

Les souscripteurs à la série complète des dix volumes bénéficieront des avantages suivants :

Contre versement préalable d'une somme de 65 francs pour la collection sur papier ordinaire, de 220 francs pour la collection sur papier du Japon, les souscripteurs recevront, au fur et à mesure de la publication, les volumes portant toujours le même numéro justificatif.

Cette combinaison leur permettra de ne pas courir le risque de ne pouvoir se procurer certains volumes sur Japon. En effet, les souscriptions pour un volume déterminé ne seront accueillies que dans la mesure où il restera des exemplaires non destinés aux souscripteurs à la collection complète, et seulement lorsque ce volume aura été mis dans le commerce.

Au contraire, les souscriptions à la collection complète sont reçues dès maintenant à la librairie Dorbon-Aîné, 19, boulevard Haussmann, Paris.

Collection des Bibliophiles Fantaisistes

Tirage limité à 500 exemplaires numérotés.

Marcel Boulenger. *Nos Elégances*, in-8. . . . . . . Fr. 7.50
René Boylesve. *La Poudre aux Yeux*, petit in-4 . . » 10.00
L. Thomas. *L'Esprit de Monsieur de Talleyrand*, in-8, *épuisé*
Jacques Boulenger. *Ondine Valmore*, in-8 . . . . » 7.50
Fr. de Curel. *Le Solitaire de la Lune*, in-4. . . » 7.50
Louis Laloy. *Claude Debussy*, petit in-4 . . . . . » 10.00
Nozière. *Trois pièces galantes*, in-8. . . . . » 7.50
Claude Farrère. *Trois Hommes et Deux Femmes*, petit in-4. . . . . *épuisé*
L. Thomas. *Les Douze Livres pour Lily*, in-8 . . Fr. 7.50
Maurice Barrès. *L'Angoisse de Pascal*, in-4, . . . *épuisé*
Louis Loviot. *Alice Ozy*, in-8 . . . . » 7.50
F. de Miomandre. *Gazelle*, in-8. . . . . » 7.50
Paul Margueritte. *Nos Tréteaux*, in-8 . . . . » 8.00
L. Thomas. *L'Espoir en Dieu*, in-8 . . . . » 7.50
Henri de Régnier. *Pour les Mois d'Hiver*, in-8. . . » 7.50
Jacques-E. Blanche. *Essais et Portraits*, in-8 . . . » 7.50
Paul Acker. *Portraits de Femmes*, in-8. . . . . . . » 7.50
Henry Bordeaux. *Les Amants de Genève*, in-4 . . . » 7.50
X.-Marcel Boulestin. *Tableaux de Londres*, in-8 . . » 7.50
L. Thomas. *André Rouveyre*, petit in-4. . . . . . » 7.50
Claude Farrère. *Fin de Turquie*, petit in-4. . . . . *épuisé*
René Boylesve. *Nymphes dansant avec des Satyres*, petit in-4 . . . . » 10.00
Gabriel Mourey. *Quelques-uns*, petit in-4 . . . . *sous presse*
Claude Debussy. *Monsieur Croche antidilettante*, petit in-4 . . . . *en préparation*

A. ROBIDA

Les Vieilles Villes des Flandres

(*Belgique et Flandre française*)

Illustré par l'auteur de 155 compositions originales, dont 25 hors texte, et d'une eau-forte. Un beau volume gr. in-8, sous couverture illustrée en couleurs . . . . 15 Fr.

Cartonné toile avec fers spéciaux spécialement dessinés par l'artiste, tête ou tranches dorées, couverture conservée . . . . . 20 Fr.

Il a été tiré en outre : 25 exemplaires sur Japon impérial, contenant une double suite de toutes les compositions, 3 états de l'eau-forte et une aquarelle originale de A. Robida . . . . 100 Fr.

100 exemplaires sur papier de Hollande Van Gelder, contenant une double suite de l'eau-forte et un dessin original à la plume de A. Robida . . . . 50 Fr.

SIDNEY PLACE

Les Fréquentations de Maurice

Mœurs de Londres

Un volume in-18 jésus sous couverture illustrée à l'aquarelle. . . . . 3 Fr. 50

Il a été tiré 6 exemplaires sur Japon à . . . . . 12 Fr.

TH. DE CAUZONS

Histoire de la Magie et de la Sorcellerie en France

I. Les sorciers d'autrefois. Le Sabbat. La guerre aux sorciers. Un vol. in-8 écu de XVI-426 pp . . . . 5 Fr.

II. Poursuite et châtiment de la Magie jusqu'à la Réforme protestante. Le procès des Templiers. Mission et procès de Jeanne d'Arc. Un vol. in-8 écu de XXII-520 pp. . . . . 5 Fr.

III. La Sorcellerie, de la Réforme à la Révolution française. La Franc-Maçonnerie. Mesmer, Cagliostro et le magnétisme. Un vol. in-8 écu de VIII-550 pp . . . . 5 Fr.

IV. La Sorcellerie contemporaine : Les transformations du magnétisme, Psychoses et névroses. Les Esprits des vivants, les Esprits des morts. Le diable de nos jours. Le merveilleux populaire. Un vol. in-8 écu de VIII-724 pp. . . . . 7 Fr.

Il a été tiré quelques exemplaires sur Japon, à 12 Fr. chacun des 3 premiers tomes, et 15 Fr. le dernier.

Enrico SACCHETTI

Robes et Femmes

Un album in-4 de 14 aquarelles en couleurs, dont une double, tiré à 300 exemplaires numérotés, sous carton illustré, à . . . **30 Fr.**

JEAN-JAM

Par Si, par La

Chansons humoristiques dites à « la Pie qui chante ». Un volume in-18 sous couverture illustrée en couleurs de Fabiano, avec 65 dessins humoristiques de Poulbot, Léandre, Préjelan, Gerbault, Guillaume, Hémard, Vallet, etc., à . . . . **3 Fr. 50**

Il a été tiré 7 exemplaires sur papier du Japon à . . . **15 Fr.**

Loys DELTEIL
expert à l'Hôtel Drouot

Manuel de l'Amateur d'Estampes du XVIIIe siècle

Un volume grand in-8 de 448 pages sur papier vergé teinté, orné de 106 reproductions hors texte sur papier couché teinté des estampes les plus rares du XVIIIe siècle . . . . broché : **25 Fr.**
dans un cartonnage spécial avec couverture conservée . . **30 Fr.**

3 exemplaires sur papier du Japon à . . . . **75 Fr.**

Ctesse d'APCHIER

La vérité sur Louis XVII.

Souvenirs inédits de la Comtesse d'Apchier,

précédés d'une étude historique par Jean de Bonnefon. Un volume grand in-8 avec portrait, vue, fac-similé d'autographe et armoiries. **7 Fr. 50**

Il a été tiré 3 exemplaires sur Japon à . . . . . . **20 Fr.**

NOZIÈRE

Joconde

Fantaisie en deux actes, d'après le conte de La Fontaine, représentée sur le théâtre particulier du Comte Robert de Clermont-Tonnerre. Un volume in-8 carré . . . . **2 Fr.**

Il a été tiré 10 exemplaires sur papier du Japon à . . . . **8 Fr.**